걱정은 출처가 무엇이건 간에 우리를 약화시키는 것이요,
용기를 앗아가는 것이요, 인생을 단축시키는 것이다.

존 란카스터 스팔딩

고민해도 소용없는 고민으로부터 자기를 해방시켜라.
그것이 마음의 평화를 얻는 가장 가까운 길이다.

데일 카네기

BY 马薇薇、黄执中、周玄毅、邱晨、胡渐彪
Copyright 2018 by 天津磨铁图书有限公司All rights reserved.
Korean Translation Copyright 2018 by readleadpub.co.,ltd.
Korean edition is published by arrangement with 天津磨铁图书有限公司
through Enters Korea Co.,Ltd

고민해봐야
아무
소용없다

이 정도만 알아도

괜찮아

이 정도만 알아도 괜찮아

펴낸날 2018년 9월 10일 1판 1쇄

지은이 황즈중·저우쉬안이·추천·마웨이웨이·후젠바오
옮긴이 하정희
펴낸이 강유균
기획·편집 이라야
교정·교열 이교숙, 김아름
경영지원 이안순
디자인·일러스트 현애정
마케팅 PAGE ONE 강용구
홍보 김범식

펴낸곳 리드리드출판(주)
출판등록 1978년 5월 15일(제 13-19호)
주소 경기도 고양시 일산서구 고양대로632번길 60, 207호(일산동, 대우이안)
전화 (02)719-1424
팩스 (02)719-1404
이메일 gangibook@naver.com
홈페이지 www.readlead.kr

ISBN 978-89-7277-323-8 03320

이 도서의 국립중앙도서관 출판예정도서목록(CIP)은 서지정보유통지원시스템 홈페이지(http://seoji.nl.go.kr)와 국가자료공동목록시스템(http://www.nl.go.kr/kolisnet)에서 이용하실 수 있습니다.(CIP제어번호: CIP2018025931)

괜찮아 이 정도만 알아도

고민해봐야
아무
소용없다

황즈중
저우쉬안이
추천
마웨이웨이
후젠바오
지음

하정희
옮김

리드리드출판

인생의 고민을 해결해줄
지식조각블록 쌓기

몇 년 전, 나는 '1만 시간 법칙'에 매료됐다.

1만 시간을 노력하면 어떤 업계에서도 최고의 자리에 오를 수 있다는 이 법칙은 4년 동안 몸담았던 편집 일을 과감히 그만두게 만들었다. 진정으로 하고 싶은 일, 내 삶을 걸 만한 가치 있는 일에 1만 시간을 투자하기로 한 것이다.

디자이너로 전향했지만 출발은 난관의 연속이었다. 경험도 연고도 없고, 개인 작품 하나 없이 낯선 세계에 입문한 뒤, 유명 디자이너 작품에 그저 감탄만 했다. 눈으로 보고 감상하는 것도 공부라고 생각했지만, 실상은 그들과 격차만 실감했을 뿐이다. 산에서 길을 잃고 헤맬 때 멀리서 사람들 소리가 얼핏 들리지만, 눈앞엔 안개가 자욱해 방향을 찾지 못하는 그런 상황과 같았다.

유명인사를 만나고 다양한 시스템을 접하고 관련 도서들도 찾아 읽었다. 전문가들의 강의도 열심히 들었지만 시간만 소모했을 뿐 눈에 띄게 나아지는 것은 없었다. 시간을 들여 종교에 의지해도 고민은 여전히 사라지지 않는 것과 마찬가지였다.

　앞이 보이지 않는 답답함을 뚫고 길을 찾아야 한다는 걱정과 고민을 반복하며 하루하루를 보냈다. 또한 디자이너로의 전향이 옳은 선택이었는지, 잘한 것인지, 이 길에 대한 확신이 있었는지 반문하며 하루에도 수십 번씩 갈등했다.

　그러나 결론부터 말하자면 고민해봐야 아무 소용없었다. 디자이너로 성장 속도만 더디게 만들었을 뿐 근본적인 문제는 해결되지 않았다. 단번에 늘리고 싶었던 실력은 제자리걸음이었고 고객은 만족하지 않았다.

　그렇다고 포기할 순 없었다. 내가 선택했으니 잘해내고 싶었다. 과감하게 나를 믿기로 했다. 내가 타고난 장점은 매사에 적극적이라는 점이다. 무엇이든 진지하게 관찰하고 열정적으로 조사하고 정열적으로 추진한다. 이 장점을 새로운 업무방식, 기술, 일 처리 등에 대입시켰다. 단점은 부지런함으로 채웠다. 내가 고민하는 사이 흘러가는 1만 시간의 초침을 그대로 두고 볼 수는 없었다.

　임계점은 분명히 있었다. 그 과도기를 넘으니 모든 지식이 폭발한 것 같은 경지를 맛봤다. 매일 한 가지 지식을 배우니 최소 한 가지 이상의 문제를 해결할 수 있었으며, 한 계단 오를 때마다 새로운 광경이 펼쳐졌다. 상승감은 더없이 커졌고 십여 일 동안의 지식 폭발은 몇 년간 경험에 비교할 수 없을 정도로 경이로웠다.

배워서 머릿속에 넣은 지식은 지갑 속에 있는 돈과 달리 액면가가 클수록 효과도 커진다. 지폐는 이 지폐나 저 지폐나 액수가 같으면 가치가 똑같지만 지식은 다르다. 내가 취한 유용한 지식이 드러내는 효과는 상상 그 이상이었다. 알고 있던 하나의 개념에 오늘 더한 하나의 이론은 기대이상의 부가가치를 창출했다. 내가 취득한 지식은 내 속에 쌓였던 배경지식과 합해져 언제나 액면가 이상의 수익을 낼 수 있게 됐다.

인류 최고의 과학 연구성과는 아무리 당신이 과학 전문도서를 썼다고 해도 이해하기 어렵고 실제 상황에 적용해 사용하기도 막막하다. 엄청난 가치가 있는 지식 시스템을 가장 합리적인 방법으로 당신에게 보여준들 당신은 온전히 받아들이지 못하고 내버려둘 것이다. 마치 영어 단어를 외우려고 수많은 단어장과 비법서를 사서 공부하지만 외우고 외워도 결국 첫 번째 페이지의 맨 처음에 나오는 단어를 외우고 난 뒤 포기해버린 적이 있는 것처럼, 당신이 배우고자 하는 지식은 당신을 피곤하게 할 뿐 더 이상 가치를 발휘하지 못하고 있는지 모른다.

그러나 지식을 자신만의 것으로 터득하면 그 가치는 거침없이 커진다. 그로 인해 당신은 모두가 인정하는 전문가로 발돋움할 수 있다. 디자이너로 전향한 뒤 내가 이룬 경지는 운에서 비롯된 것은 아니다. 노력의 산물이라고 단정지어 말하기도 어렵다. 노력만으로 이끌어낼 수 있는 성공의 한계는 분명히 있다. 보통은 그 한계점 앞에 무릎을 꿇는다.

나는 여기서 당신은 한계점을 밀어버리고 당당하게 전진할 수 있도록 노력에 더하기 '무엇'을 얘기하려 한다. 그것은 바로 '지식조각블록=소학문小學文'이다.

지식조각블록은 내가 1만 시간 동안 접했던 지식, 쌓은 경험, 체득해 발견한 것으로 지식이 가진 '특수한 속성'이자 고민을 털어주는 해결사였다. 그래서 내가 생각하기에 가치가 큰 지식의 중요한 몇 가지 속성들을 정리해보았다.

첫째, 상황에 대입해보라.

경영학에는 '숨어 있는 월급'이라는 용어가 있다. 알듯 말듯 한 이 말은 직장에서 물질적인 급여 외에 얻는 수익을 말한다. 통상 급여로 지급되는 금액 외의 부가효과라고 표현하면 좀 더 쉬울 수 있다. 예를 들어 '대기업 근무 경력'은 은행에서 받는 전세자금 대출과 신용대출에 큰 도움이 된다. 이것이 바로 보이지 않는 월급이다.

당신이 경영학과 관련 있든 없든 어떤 일에 종사하든, '숨어 있는 월급'에 흥미가 생길 것이다. 지금까지 우리는 연봉 수치로 일에 대한 평가를 단정지었다. 돈을 많이 버는 일에 매력을 느끼는 것은 당연하지만, 숨어 있는 월급을 계산한다면 당신이 하고 있는 일, 하고 싶은 일의 평가는 달라질 것이다.

숨어 있는 월급은 다양하게 존재한다. 개인 신용도를 높여줄 수 있고, 자존감을 높여 줄 수도 있다. 또한 당신의 명예를 드높이는 것으로 나타날 수 있다.

당신 진로에 있어 무엇을 배워야 할지, 어떤 일을 해야 할지, 어느 업종이 유망한지 모르겠다면 그 지식을 응용할 수 있는 상황을 떠올려보라. 당신이 잘 이해하는 것은 무엇이고 어떤 것을 배워야 충만한 행복감을 느낄 수 있겠는지 체크해 보고 만족감과 성취감을 가져다 줄 수 있는 것을 찾아라. 그리고 그 속에 감추어진 '숨어 있는 월급'을 찾아 판단하라. 그러면 당신 고민을 해결할 수 있다.

둘째, 설득력을 키워라.

심리학에는 '더닝 크루거 효과'라는 말이 있다. 가장 부족한 사람이 자신을 가장 대단하다고 여기는 이 효과는 얄팍한 지식이 불러오는 섣부른 판단에 기초하고 있다. 인지 능력이 떨어지는 사람일수록 자기 실제 능력을 인지하고 판단하는 능력도 떨어진다는 뜻이다.

자기 답이 유일한 해법처럼 내세울 경우 상대방을 설득할 수 없다. 정확히 보는 눈을 키우고 다양한 지식 습득을 통해 지식의 기본기를 다져야 한다. 그러기에 앞서 우선 되어야 할 것은 배우기 어렵다는 걱정을 털어버리는 것이다. 당신이 보는 것, 듣는 것, 체험한 것들은 지식의 기반이 되며 능력이 된다. 체화된 지식은 타인을 설득할 수 있는 역량을 제대로 발휘할 것이다. 설득력이 있는 지식은 일상 경험과 연관시켜 쉽게 이해하고 기억할 수 있다. 그만큼 깊이 있는 사고라는 반증이다.

셋째, 능동적으로 변화하라.

마케팅의 SMART 원칙을 지식에 대입해보자.

- 구체적Specific : 당신은 전문적 지식을 갖추게 된다.
- 측정가능Measurable : 당신의 미래를 예측할 수 있다.
- 행동 지향적Action-oriented : 목표를 세워 실천할 수 있는 의지를 갖는다.
- 현실적Realistic : 가장 합리적 방법으로 통찰할 수 있다.
- 적시성Timely : 자신의 문제 상황을 인식하고 개선할 수 있다.

우리가 현실에서 당면하는 문제들 다이어트, 단어 외우기, 결혼 계획 세우기 등 우리가 추구하는 목표의 영역에서 쉽게 SMART 원칙을 응용할 수 있다. 여기에 더해 A 영역의 지식을 B 영역에 포함하거나 C, D, E, F 영역에서도 사용할 수 있다면, 배움의 효과는 극대화된다. 그로 인해 당신은 변화에 능동적으로 대처할 수 있는 시야를 확보하기에 이른다. 또한 유추와 지식의 통섭通涉을 통해 다른 분야의 지식까지 통찰할 수 있는 능력도 겸비한 인재가 된다. 당신은 배워서 어떻게 써먹을까 염려하지 말라. 변화가 먼저다.

넷째, 축소하라.

배움이 필수적이라는 진리는 모두가 알고 있다. 그러나 지식은 비대하고 몸이 따라주질 않는다. 어떡하지? 고민해보지만 전공 도서의 어마어마한 분량, 전문 용어가 주는 중압감, 쪼들리는 시간 압박에서 자유로울 수 없다. 시도했다가 포기하기를 반복한 경험도 부지기수일 것이다.

이제 지식을 블록화해서 조립하기 시작해보자. 모두가 아는 똑같은 논리로 배우고 싶지 않고 자신만의 유용함을 터득하고 싶을 때, 가장 좋은 방법이다. 배움의 강도를 낮추고 빈도를 늘리며 가랑비에 옷 젖듯 지식을 흡수할 수 있다. 체중 관리가 필요한 친구들은 외식, 간식, 야식, 식후 커피와 같이 무심결에 먹는 것들이 살찌는 원인이라는 점을 잘 알고 있을 것이다. 지식도 마찬가지이다. 야금야금 먹는 블록화된 지식은 당신의 지적능력을 살찌울 것이다. 지식을 조립하는 즐거움에 더해 완성해가는 성취감까지 느끼기에 학문이나 지식은 배우기 어렵다는 선입견도 해결해주는 유익이 있다.

이 네 가지가 '지식조각블록'의 출발점이자 속성이다.

물론 조각해서 학습하는 것 자체에 폐단이 없지는 않다. 따로 분리된 지식과 사례들이 지식욕구와 집중력을 산산조각 낼 수도 있다. 조각해서 배우는 지식은 지나치게 가볍고, 하나의 체계로 묶어서 배우는 지식은 지나치게 무겁다. 어떻게 균형을 맞춰야 할까? 우리는 여러 문제들을 큰 단위로 묶은 뒤 다시 작은 문제들로 조각하기로 했다.

그래서 응용 가능하고 설득력 있으며 다른 영역에서 활용할 수 있는 가볍고 흥미로운 지식들을 최대한 담고자 했다. 또한 '지식조각블록'이라는 큰 모듈에 여섯 가지 현대인의 고민을 담았다. 평소에 이 책을 가지고 다니면서 읽을 때마다 무언가를 얻고, 전체를 다 읽고 나면 고민이 생겨도 걱정하지 않게 되기를 바란다.

사실 고민하는 건 나쁜 게 아니다. 고민은 성취욕이라는 녀석이 우리를 괴롭히는 데서 비롯되기 때문이다. 시대가 어떻게 변하든 예외가 없는 한 고민이라는 녀석은 계속해서 당신을 따라다닐 것이다. 그러니 어떤 것을 배웠든 또 배우든 간에 고민과 손을 잡고 계속 나아가는 게 이 책의 주요 목적이다.

글쓴이 추천

해결될 일은 생각할 필요가 없고,
해결되지 않는 일은 고민한다고 해결되지 않는다.

달라이 라마

아무리 높다 하더라도 인간이 도달할 수 없는 곳은 없다.
믿음과 자신감, 근면을 가지고 이를 행하지 않으면 안 된다.
- 안데르손

1장

돈 버는 일을
제대로
이해하고 있는가?

부富를 창출하는 법

돈을 쓰는 사람은 많아도 돈을 잘 아는 사람은 별로 없다. 돈을 버는 것에 대해 불평하는 사람은 많아도 돈 버는 일을 이해하려는 사람은 드물다. 변화는 '이해하는 것'에서 시작된다.

일이 너무 힘들다고 불평하는 당신, 일이 힘든 이유가 무엇인지 분석해본 적은 있는가? 기계적으로 반복적인 업무 때문에? 감정적인 스트레스? 사무실 분위기? 그중에 당신이 책임지지 않아도 되는 일은 무엇이며, 책임을 져야 하는 일은 무엇이고, 참고 넘어가야 할 문제는 무엇인가?

월급이 너무 적다고 불평하는 당신, 만약에 당신의 가치를 책정할 기회가 주어졌다고 하자. 당신은 어떤 관점에서, 어떤 방식으로 당신의 가치를 책정할 것인가? 당신의 가치를 올리기 위해 어떤 부분을 더 보완해야 할까? 만약에 자신의 가치를 제대로 모르고, 발전할 방향도 잘 모르고, 자신이 벌어들이는 돈이 어떤 돈인지 모른다면 누가 당신을 도와줄 수 있겠는가?

어떤 사람들은 "가난이 나의 상상력을 제한했어."라고 말한다. 그러나 문제는 상상력이 아니다. 물질적 부족에서 오는 궁색함은 객관적이고 차분하게 미래에 대해 생각할 수 없게 하고, 이해력도 제한한다. 굶주린 배를 움켜쥐고 10년 후를 설계할 여유는 그 누구에게도 없다.

그래서 변화는 현재를 이해하는 데서 시작된다.

어떻게 누워서
돈을 벌 수 있을까?

일은 똑같이 하는데, 다들 나보다 더 많은 돈을 버는 것 같지 않은가? 심지어 가만히 누워서도 돈을 버는 사람이 있으니 생각만 해도 억울하다. 어느 유명 작가가 누워서 돈 버는 사람에 관한 이야기를 들려준 적이 있다.

한 노인이 옷 가게 입구에 놓인 선베드에 누워 햇볕을 쬐고 있었다. 천하태평한 노인은 옷 가게 주인이었고, 아내와 두 딸은 가게 안에서 분주하게 일하고 있었다. 작가가 말했다.

"선생님, 정말 복도 많으십니다. 아내와 따님들이 워낙 일을 잘해서 선생님은 이렇게 가만히 여유를 즐기시네요."

노인은 고개를 저으며 말했다.

"내가 아무것도 하지 않는 것 같소? 사실 나는 가장 중요한 일을 하는 중이오."

"그게 어떤 일이지요?"

노인은 사뭇 진지한 얼굴로 대답했다.

"위험을 감당하고 있소."

농담 같지만, 곰곰이 생각해보면 어느 정도 일리가 있는 말이다. 길거리에 있는 작은 옷 가게라도 어디에 가게를 차릴지, 어떻게 실내 장식을 할지, 어떤 옷을 들일지, 옷들을 어떻게 배치할지, 어떤 사람을 직원으로 고용할지, 가게를 어떻게 관리할지 등 생각만으로도 골치가 아픈 것들을 생각하고 결정해야 한다. 결정을 내리면, 거기에 뒤따르는 위험들을 감당해야 한다. 겉보기에 노인은 단순히 햇볕을 쬐고 있는 것 같지만, 사실 옷 가게 운영에 관한 전반적인 부분들을 생각하고 결정하고 있었다. 프로그래머가 코드를 입력하면 프로그램은 자동으로 작동한다. 그렇다고 해서 프로그램의 업그레이드나 유지가 프로그래머와 관련이 없는 일은 아니다.

당신이 한 컨설팅회사에 자문을 구했다고 하자. 컨설턴트가 아무리 대단한 아이디어를 내놓는다고 한들 수익 대부분을 컨설턴트에게 주지는 않을 것이다. 그 수많은 아이디어 속에서 최종 결정을 내리는 사람은 당신이고, 위험을 감당하는 사람도 당신이기 때문이다. 그래서 노동의 종류에는 '육체노동'과 '정신노동' 외에 '위험노동'도 존재한다.

기업의 대표들은 자신이 인재를 알아보고, 적재적소에 활용하고 있다는 걸 보여주기 위해 '용인불의(用人不疑 : 일단 고용했으면 의심하지 않는다)'라는 말을 자주 한다. 하지만 사람은 변하게 마련이고, 누구에게나 단점은 하나씩 있다. 완전히 신임할 수 있을 만큼 완벽한 사람은 없을 것이다. 그런데 대표들은 왜 그런 말을 자주 할까?

이유는 간단하다. 사람을 잘 관찰한 다음 고용하는 것이 대표의 직책이다. 그런 다음 고용한 인재가 최대한 능력을 발휘할 수 있도록 권한을 부여해야 한다. 만약 반신반의하고, 위험을 감당하는 게 두려워 인재를 적재적소에 활용하지 못하면 아까운 인력만 낭비하게 되는 셈이다.

이 세상에 완벽한 선택은 없다. 실패를 받아들일 패기가 없다면 높은 자리에 앉을 자격이 없다. 그렇기에 사람을 임용하고 활용하는 것도 '위험노동'이다. 불확실함 속에서 확실한 결정을 내리고, 불안과 압박 속에서 냉정함을 유지하는 것이 위험노동자가 갖춰야 할 기본 소양이다.

위험노동이 기업의 대표 혹은 관리자만의 일이라고 생각한다면 오산이다. 단순한 육체노동으로 보이는 직업의 수입 대부분은 위험노동에서 오는 것이다. 예를 들어 똑같이 탄광에서 일하지만 탄광 안으로 들어가는 사람과 들어가지 않는 사람의 수입은 완전히 다르다. 똑같이 청소용역업체에서 일하지만 사무실 안 유리를 닦는 사람과 건물 밖 높은 곳에서 창문을 닦는 사람의 수입 역시 완전히 다르다. 수입의 차이는 육체노동의 강도가 아니라 위험노동의 강도에서 결정된다. 심지어 슈퍼마켓 계산원처럼 위험과 전혀 관계가 없는 업무일지라도 수입에 '위험수당'이라는 게 별도로 존재한다. 여기에서 위험수당은 계산 실수를 대비한 것이다. 다시 말해 실수로 회사에 손해를 입혔다면 배상을 하는 게 순서이지만, 당신의 급여에는 이미 이런 위험에 대비한 '위험수당'이 포함되어 있다.

기업경영에서 '위험노동'은 조금 더 확장된 의미로 사용된다. 만약 관리자가 온종일 눈코 뜰 새 없이 바쁘고 할 일이 가득하다면 문제가 있다. 관리자가 휴식을 취해야 직원들도 여유를 가지고 별거 아닌 것 같아도 도전적인 일을 할 수 있다. 거기서 더 큰 수익이 발생한다. 이런 현상을 '게으른 개미 효과Lazy ant effect'라고 한다.

홋카이도대학의 한 생물학 교수는 근면 성실의 대표로 불리는 개미에 대해 다른 의견을 제시했다. 2002년, 교수는 90마리의 개미를 3개의 조로 나눠 실험했다. 인공 개미굴에 실험 카메라를 설치하고, 개미들의 일상적인 행동을 관찰했다. 실험 결과, 각 조의 개미 30마리 중 20%가 일하지 않고 제자리에서 가만히 있거나 개미굴 주변을 돌아다녔다. 교수는 이 개미들을 '게으른 개미'라고 지칭했다. 정말 이상한 일이지 않은가? 근면하고 성실한 개미 집단에서 어떻게 일하지 않고 먹고 노는 녀석들을 가만히 둘 수 있을까?

그러나 잠시 후, 게으른 개미 효과가 나타나기 시작했다. 연구원들이 게으른 개미들의 먹이를 차단하자, 부지런히 일하던 개미들이 혼란에 빠지기 시작했다. 일개미들이 정신없이 주변을 뱅뱅 돌자, 게으른 개미들이 나타나 무리를 이끌고 새로운 먹이를 찾기 위해 움직이기 시작했다. 게으른 개미들은 일하지 않았던 게 아니라 정찰하기 위해 주변을 돌아다녔던 것이다. 다시 말해, 수십억 년에 걸친 진화를 통해 개미들의 일부가 한가하게 주변을 정찰함으로써 위기가 발생했을 때 새로운 돌파구를 찾는 지혜를 얻었다.

이 실험 결과는 경영학에서 '게으른 개미 효과'라고 부른다. 기업에는 일상적인 사무에 얽매이지 않고 대부분의 시간을 '관찰'하고 '연구'하는 데 사용하는 '게으른 개미'들이 필요하다. 이들은 회사의 취약점을 발견하고 외부 환경 변화에 민감하게 반응한다. 툭 까놓고 말해서, 일반적인 관례를 따르지 않고 과감하게 생각하고 행동하는 것이다. 역으로 말하면, 기업의 모든 직원이 성실하게 일만 한다면 말 그대로 일만 할 줄 알고 다른 부분은 볼 줄은 모르기 때문에 중요한 시점에서 융통성을 발휘하기 힘들다. 이런 위험은 일부가 손을 놓고 일하지 않는 위험보다 더 크다.

현대 경영학의 창시자로 불리는 피터 드러커Peter F. Drucker는 대부분의 관리자를 '기업의 동네북'이라고 말했다. 회사의 모든 사람이 관리자를 찾으니, 관리자는 모든 사람의 요구에 응해야 하기 때문이다.

당신이 팀장이라고 가정해보자. 당신 상사가 수시로 회의를 열 수도 있고, 부하 직원이 수시로 당신에게 보고하러 올 수도 있다. 이렇게 당신은 전화 통화를 하고, 메일을 보내고, 각종 핵심 성과 지표(KPI 지표)를 완성하는 등 사무적인 일에 쉽게 빠져 있다. 이러다 보면 당신은 눈앞에 놓인 업무를 처리하느라 팀이 앞으로 나아갈 방향을 모색할 시간이 없는 '근시안적인 사람'으로 변할 것이다.

생각해보라. 단순한 개미의 세계에서도 게으른 개미들이 시시각각 외부 변화에 민감하게 반응하는데, 복잡한 인간 사회에서 관리자가 어찌 눈앞에 놓인 일만 생각할 수 있겠는가? 드러커는 "시간 활용을 제대로 못 하는 관리자는 어떠한 일을 하건 가치 없는 낭비를 하는 셈이다."라고 말했다. 관리자에게 가장 부족한 자원은 인력이나 예산이 아닌 시간이기 때문이다.

평소 업무가 아무리 바빠도 하루를 돌아보고 정리할 수 있는 여유가 필요하다. 여기서 말하는 여유는 현재 하는 일을 깊이 생각하는 것을 말한다. 예를 들어 고객과 시장, 업무 수행 방식, 경쟁 브랜드, 업계 현황을 어떤 방식으로 이해할지를 고민한다. 이것들은 '중요하지만 급하지 않은 일'이며, 두서없어 보이지만 전략적으로 없어선 안 될 업무이다.

현대 경영학에서는 게으른 개미의 공헌도를 매우 높게 평가한다. 전략 기획팀과 시장분석팀을 완전하게 갖추고, 두 부서가 경제적 성과를 책임 지지 않고 기업이 시장 감각을 갖추도록 시장 동향만을 분석하게 하는 기업도 있다. 또한 직원들에게 지나치게 바쁘게 일하지 않기를 권고하는 기업도 있다. 구글Google의 경우, 업무시간 20%를 본 업무 이외의 일에 사용하는 것을 허용한다. 이 시간에 회사가 지시한 업무 외에 할 수 있는 일을 해야 한다. 이 20% 업무시간은 하고 싶은 일이 있으면 할 수 있도록 회사에서 비용을 지급한 시간이며, '게으른 개미'의 전형적인 예다. 이러한 정책 덕분에 구글은 매번 혁신적인 소스들을 만들어냈다. Gmail, 구글 토크 등은 게으른 개미 시간에서 나온 결과물이다.

성실하게 한 땀 한 땀 노력해야 반드시 돈을 버는 것은 아니다. 눈코 뜰 새 없이 바빠야 효율이 높고, 한가하게 시간을 보내는 것도 낭비는 아니다. 누군가는 가만히 누워서 돈을 버는 것 같지만, 그게 제대로 된 노동의 방식일 수도 있다.

지 식 조 각 블 록 **이 정도는 알고 다니자!**

게으른 개미가 되라. 누군가가 별로 힘을 들이지 않고도 당신보다 훨씬 더 돈을 많이 번다면, 그는 위험을 부담하고 있거나, 창의적이고 연구가 필요한 무언가를 개척해내는 일을 하는 것일지도 모른다. '한가함'에 성공의 비결이 잠재되어 있다.

당신이 버는 돈이
어떤 돈인지 아는가?

"너덧 되의 쌀 봉급 때문에 허리를 굽혀야겠느냐?"

사람들은 자신의 일을 불평하면서 도연명陶淵明의 이 말을 자주 인용한다. 재미있는 건 '허리를 굽혀야' 벌 수 있는 돈도 있다는 사실이다.

중국 진晉 왕조 정사正史를 기록한 진서晉書에 다음과 같은 이야기가 있다.

도연명이 팽택 현령縣令으로 재직할 때, 상부에서 업무 감독을 위해 순시관을 파견했다. 예복을 갖춰 입고 순시관을 알현해야 했으나, 순시관을 한낱 향리의 소인으로 여겼던 도연명은 바로 관직을 내려놓았다. 도연명이 현령으로 재직한 지 80여 일도 채 되지 않았을 때다. 그렇다면 도연명은 청렴한 사람일까? 현대인의 관점에서 보면 도연명은 앞뒤가 꽉 막히고, 자신이 벌어들이는 돈이 어떤 돈인지를 제대로 이해하지 못한 사람이다.

도연명의 관점에서는 관리란 사람을 다스리는 데 신경을 쓰는 사람이고, 지식노동 외에 아부하고 다른 사람 비위를 맞추는 건 소인이나 하는 일이라는 신념이 있었다. 반은 맞는 말이다. 지식노동은 중요한가? 중요하다. 아부하고 다른 사람 비위를 맞추는 건 좋은 일일까? 좋은 일이 아니다. 그러나 '순수한 지식노동'과 '순수한 아부' 사이에 '직장 내 인간관계를 유지하기 위한 필수적인 투자'라는 합리적인 공간이 존재한다. 이를 '감정노동'이라고 부른다.

여기서 의문을 제기하는 사람도 있을 것이다. 상대방 비위를 맞추고 원하지 않은 접대 자리에 참석하는 걸 '노동'이라고 할 수 있을까? 그렇다면 이번에는 반대로 여러분에게 질문해보겠다. 여러분은 직장생활을 하면서 '힘들다' 혹은 '지친다'라는 말을 자주 하는데, 어떤 부분에서 지치고 힘든 것일까? 업무 자체도 힘들지만, 업무를 처리하는 과정에서 맞닥뜨리는 인간관계 때문에 지치고 힘들 것이다. 직장동료는 마음이 잘 맞는 친구가 아니며, 상사 역시 당신을 보살피고 감싸주는 형님 같은 존재가 아니다. 모든 것을 참고, 웃으면서 사람들과 이야기를 나누고, 함께 즐기고, 그들에게 친절함을 유지해야 업무도 순조롭게 풀린다. 이러한 감정노동이 업무성과에 바로 반영되지는 않을지라도, 업무실적에는 크게 도움이 될 것이다. 조직에 속해 있다면 이러한 문제는 반드시 만나게 돼 있다.

이런 관점에서 도연명에게 묻고 싶다.

"벼슬을 하는 데 지식노동만 필요하다면, 그대 수하에 있는 사람은 왜 그대보다 계급이 낮은가?"

"그대 수하 역시 그대와 똑같은 지식노동을 하고 있지 않은가?"

"그대가 했던 것처럼 그대 수하가 그대에게 거만하게 굴고, 예의를 제대로 갖추지 않는다면, 어떤 느낌이 들 것 같은가?

고객을 상대할 때도 감정노동이 존재한다. 가장 쉬운 예는 고객센터다. 매일 전화를 받고, 고객의 불만 사항을 접수하고 가끔은 욕을 듣기도 한다. 여기서 지식노동의 비중은 그렇게 높지 않다. 회사에서 정해준 전화 응대 매뉴얼대로 업무를 처리하고, 문제가 발생하면 관련 부서에서 처리하도록 연결해주기만 하면 되기 때문이다. 그러나 당신이 아침부터 쏟아지는 불편 사항들을 접한다고 생각해보자. 심하면 고객과 다투기도 한다. 이런 상황에서 과연 온전한 정신 상태를 유지할 수 있을까? 서비스직의 가장 큰 어려움은 시종일관 미소를 유지하면서 사람들을 응대하고, 인내심을 최대한 발휘하여 사람들의 고충을 들어줘야 한다는 것이다. 그로 인해 그들이 벌어들이는 돈은 '감정노동'으로 말미암은 대가다.

여기까지 이해했다면, 자신의 현재 업무에서 어떤 부분이 가장 큰 가치를 만들어내는지 알 수 있다. 유학원에서 일하는 친구가 학부모들을 상대하는 게 너무 힘들다고 불만을 토로한다. 예상치 못한 요구 사항 때문에 난처한 적이 한두 번이 아니라며 그들을 심하게 욕하곤 한다. 가끔은 별로 가치가 없는 일에 왜 이런 수모를 당해야 하냐면서 화를 참지 못하고 퇴사를 입에 담기도 한다.

영혼 없이 "그래도 좋은 사람들이 많아." 혹은 "이 또한 지나갈 거야." 등의 말로 위로하지 말고 직접 물어봐라. "네가 하는 업무의 본질이 뭐라고 생각해?", "네가 어떤 걸 만들어내고 있지?", "네가 벌어들이는 돈은 어떤 돈이야?"라고 말하면 아마 친구는 "그 사람들 대신에 유학 신청을 해주는 거잖아. 나는 이쪽 전문가고, 벌어들이는 돈은 당연히 전문성으로 인한 대가지!"라고 대답할 것이다. 하지만 친구의 생각은 반은 맞고 반은 틀리다.

유학 신청은 굳이 유학원을 찾지 않아도 할 수 있다. 발품을 팔아서 직접 신청서를 작성하고, 비자나 관련 서류들을 준비하면 된다. 지식과 경험이 풍부한 전문가에게 자문하고, 그에 대한 비용을 내는 정도는 있을 수 있다. 그런데도 비용이 많이 드는 유학원에 고객들이 돈을 내는 진짜 이유는 신경을 덜 써도 되기 때문이다. 결론적으로 '상대방의 기분을 맞춰주는 것'은 별도의 일이 아니라 그 친구의 본 업무 중 하나이다. 자신의 직무인 감정노동을 잘하는 것이 업계에서 성공하는 지름길이다.

상대방의 비위를 맞춰주라는 말이 아니라 자신의 직책을 확실히 하라는 말이다. 고민거리가 다 그렇다. 반드시 해야 하는 일이라고 생각하면, 고민거리가 아니게 된다. 똑같은 감정노동을 하는데 다른 사람들은 긍정적인 태도로 자기 직무를 다하고, 당신은 사사건건 불평하며 자신과는 별개의 일이라고 여긴다고 하자. 이런 상황에서 다른 사람들이 당신보다 훨씬 더 빨리 발전하고 훨씬 더 많은 돈을 버는 게 이상한 일인가?

노동에는 지식노동, 육체노동 외에 위험노동, 감정노동이 존재한다. 이들과 호응하는 '업무능력'은 업무의 성질에 따라 평가해야 한다.

많은 사람이 업무능력을 정적이면서 절대적인 지표로 오해하고 있다. 다른 사람과 자신의 능력이 같다고 믿기 때문에, 다른 사람이 자신보다 더 많은 돈을 벌면 안 된다고 생각한다. 실망스럽게도 당신과 비슷한 학력 또는 경력이 있거나 심지어 당신과 같은 학교를 나온 사람일지라도 당신보다 더 능숙하게 업무를 처리하고, 더 큰 발전을 이루기도 한다. 이런 불공평한 현상은 상대방이 당신보다 훨씬 자신의 위치를 잘 파악해서 자기 능력을 최대한으로 발휘할 수 있었기에 가능했다는 점을 기억하자. 구체적인 업무 성격을 중심에 놓고, 종합적인 사고방식으로 자신을 평가해야 한다.

우선, 업무능력은 단독으로 존재하지 않는다. 시험처럼 과목별로 점수가 있는 것이 아니라 종합적인 하나의 유기체라고 생각해야 한다. 어떤 프로젝트를 진행할 때는 프로젝트를 잘 완성하는 것이 목표이므로 어떤 한 가지 능력을 내세우는 것 자체는 별 의미가 없다. 일반적으로 구체적인 업무는 지식노동, 육체노동, 위험노동, 감정노동의 종합적인 성격을 지니고 있기 때문에 당신 업무 조건을 종합적으로 고려해야 업무능력을 판단할 수 있다.

이 책을 출간한 '미궈미디어'를 예로 들어보자. 총괄책임자 황즈중은 IQ가 높고 아이디어가 풍부하다. 미궈미디어의 상품들은 모두 황즈중의 아이디어에서 시작됐다고 해도 과언이 아닐 정도로 지식노동 능력이 매우 뛰어나다. 그렇다면 똑똑하다는 이유로 황즈중이 CEO에 적합할까? 회사의 관리업무는 매일 출근해서 사무적인 일들을 처리해야 하는 것이다. 그러나 황즈중은 감정노동 능력이 매우 낮다. 금방 예민해지고, 화가 나면 하던 일을 내려놓고 게임을 한다. 그런데도 아무도 그에게 일하라고 지적하지 못한다. 반대로 미궈미디어 CEO 후젠바오는 자율적이면서 스트레스를 다루는 능력이 탁월하다. 웬만한 일에는 영향받지 않을 정도로 감정노동을 하는 데 뛰어나다. 그래서 회사에서 일어나는 일들은 그가 총괄한다. 위험노동은 사장 마동이 가장 신경 쓰는 부분이다. 마동의 가장 뛰어난 점은 큰 문제가 발생했을 때 침착하고 결단력 있게 처리하는 것이다.

이처럼 사람들은 업무 조건에 따라 종합적으로 자기 능력을 평가한다. 그래야만 정확하게 자신의 위치를 결정할 수 있기 때문이다. 당신의 재능은 당신이 얼마나 쓸모 있는 사람이냐에 달려 있다. 별로 중요하지 않다고 생각했던 능력이었는데 알고 보면 가장 중요한 능력인 경우가 많다. 정말 좋다고 생각했던 능력이 당신에게 적합한 자리를 마련해주는 것도 아니다. 재능이 있지만, 기회를 만나지 못해서 아무것도 하지 못했다고 말하는 사람들도 있다. 단순한 허풍이 아니라면, 능력을 발휘할 곳을 잘못 찾은 것이다.

업무 특성을 이해하면, 신입사원이 이른 시일 안에 회사에 적응하는 데 도움이 된다. 누군가가 우리에게 메일을 보내왔다. 내용은 다음과 같다.

"우리 대표님은 강박증이 있어요. 항상 새로운 업무를 받으면, 저 스스로 제대로 이해하기도 전에 업무처리 방법을 먼저 알려주세요. 그러면서 잔소리도 하시고요. 가끔은 '내 머리가 나쁜가?' 하고 느낄 정도로 스트레스를 받습니다. 점점 더 제가 이 직위와 어울리는지도 모르겠어요. 어떡하죠?"

메일을 보내온 사람은 노동 성격과 자신의 능력을 제대로 알지 못하기 때문에 당황스러운 것이다. 신입사원이 잘 모르는 건 매우 정상적인 일이지만, 직장에서 가르침은 학교와는 다르다. 시간은 한정적이고 업무는 급하다. 상사는 학교에서처럼 다 이해할 때까지 기다려주지 않는다. 친절하게 하나하나 가르쳐주는 일은 더더욱 없을 것이다.

이 사람은 머리가 나쁜 게 아니라 감정을 제어하는 능력이 부족하기 때문에 감정노동 능력을 키워야 한다. 특히 비서처럼 누군가를 보좌해야 하는 직업이라면 보통 사람들보다 더 노력해야 한다. 문제가 무엇인지 알아야 제대로 된 방향으로 나아갈 수 있다.

더 나아가 지식노동, 육체노동, 감정노동 그리고 위험노동을 특별한 방법으로 조합하면 직장생활에서 백전백승할 수 있다. 예를 들어 지식노동을 하는 사람이 해당 분야를 통달한 전문가가 되는 것은 상당히 어렵다. 그러나 지식노동에 감정노동 능력을 함께 갖춘다면 똑같은 기술자라도 특유의 인내심을 발휘할 수 있고, 잘 모르는 사람이라도 잘 아는 사람처럼 소통할 수 있다. 소통기술을 아는 사람들은 보통 사람들보다 훨씬 더 많은 돈을 벌 수 있다.

또 다른 예를 들어보자. 사람들이 부러워할 만큼 고액 연봉을 받는 금융업, 컨설팅업계 종사자들은 자신들이 육체노동을 하고 있다고 자주 불만을 토로한다. 농담으로 그냥 하는 말은 아닐 것이다. 보기에는 높은 학력 수준과 전문성을 갖춰 멋있게 보이지만, 업계에 들어선 후에는 머리보다는 누가 더 오래 고강도 업무를 하고, 야근하고, 출장을 가고, 목숨을 걸고 일할 수 있는지 경쟁하는 체력 싸움으로 변한다. 더 끔찍한 건 머리도, 체력도 아닌 다른 사람이 내건 육체노동 형태로 당신에게 지식노동을 이야기한다는 것이다.

결론을 말하자면, 자기 업무능력을 평가할 때 네 가지 노동능력을 잘 조합하면 자신만의 강점을 더욱 잘 발휘할 수 있다는 것이다. 자신의 능력을 정확하게 평가하려면, 점수로 순위를 매기던 학창시절 방식에서 벗어나 종합적이고 맞춤식으로 사고해야 한다. 또한 구체적인 업무 조건을 가지고 자신을 평가해야 한다. 자신의 강점과 약점을 제대로 파악하고, 어떤 점을 내세워야 하는지 알 수 있다. 머릿속으로만 판단하지 말고 객관적인 수치로 표를 만들어보자. 자신이 하는 일의 상위를 차지하는 비중을 엄격하게 분석해보자.

　자 이제, 당신은 어떻게 돈을 벌어야 하는지 분명히 알겠는가?

지식조각블록 이 정도는 알고 다니자!

노동에는 육체노동, 지식노동, 위험노동 그리고 감정노동이 존재한다. 자신의 업무능력을 평가할 때는 이 네 가지 조합을 함께 고려해야 한다. 당신이 벌어들인 돈이 어떤 노동에 대한 돈인지 알아야, 자신만의 강점을 제대로 발휘할 수 있다.

당신의 처우는
좋은 편일까?

우리는 누구나 높은 연봉을 받기를 희망한다. 한 가지 예를 들어보자. 어느 날, 사장이 당신에게 "자네에게는 얼마를 벌 가치가 있다고 생각하는가? 말하는 만큼 월급을 올려주겠네!"라고 말한다면 뭐라고 대답하겠는가? 아마도 이 질문을 받은 당신은 꽤 당황스러울 것이다.

많은 사람이 현재 처우에 불만을 느끼지만, 자신이 그렇게 느끼는 게 맞는지는 확신하지 못한다. 그래서 당신은 당장 두 가지 일을 해봐야 한다. 첫째, 시장 현황 혹은 특정 기업의 자료를 찾아 당신과 같은 직위에 있는 사람들 평균 연봉을 알아봐야 한다. 그리고 현재 당신 처우가 적당한 수준인지 평가해본다. 둘째, 당신의 현재 상황과 시장의 발전 흐름을 종합해 앞으로 처우가 높아질 기회가 있는지 예측해본다.

(1) 현재의 처우는 어떻게 평가해야 할까?

직장동료끼리도 서로 연봉을 공유하지 않으므로, 자기 처우가 적당한지 아는 건 어렵다고 생각하는 사람이 많지만 사실 그렇게 어렵지는 않다. 직장동료에게 직접 이야기를 듣는 방법 외에 연봉수준을 알 수 있는 세 가지 방법이 있다. 바로 연봉보고서, 구직사이트, 면접이다.

연봉보고서에는 표준대비보고서와 업계보고서가 있다. 표준대비보고서는 비슷한 수준에 있는 타사 연봉현황이 어떠한지에 대한 보고서이고, 업계보고서는 동종 업계의 일반적인 연봉현황이 어떠한지에 대한 보고서이다. 인사팀은 연봉 리서치 회사에서 연봉 관련 수치를 구매한 뒤, 목표로 정해둔 기업의 연봉과 비교하면서 현재 회사가 시장에서 어떤 위치에 놓여 있는지를 알아본다. 목표로 정해둔 기업의 분석보고서를 연봉표준대비보고서라고 부른다. 비밀성을 띠고 있지만 알 방법은 있다. 당신 연봉이 현 시장에서 50% 이상에 위치해 있다면, 비교 대상인 50% 회사의 연봉보다 높다는 말이다.

사장이나 인사부장은 참지 못하고 "우리 회사 연봉이 시장 평균보다 높은데도 불만입니까?"라고 말할 것이다. 반대로 그들이 이런 이야기를 하지 않는다면, 당신이 다니는 회사 연봉은 그렇게 높은 수준이 아닐 것이다. 공개된 업계보고서를 찾아보는 방법도 있다. 예를 들어 자동차 관련업, 부동산업, 금융업 등이 그렇다. 그러나 이 수치는 당신이 궁금한 회사와 맞지 않을 수도 있으니 참고만 하는 편이 좋다.

구직사이트를 통해 알아보는 방법도 있다. 구직사이트에서 '마케팅 팀장'으로 검색한 뒤, 서너 군데 회사에서 비슷한 직위를 살펴보면 현재 당신이 어떤 수준인지 대략 파악할 수 있다. 물론, 이 방법으로는 당신이 전국에서 몇 번째 수준에 머물러 있는지와 같이 정확하고 자세한 결과를 얻을 순 없다. 게다가 회사마다 연봉을 책정하는 기준에 차이가 있다. 서비스 경력을 중시하는 회사가 있고, 실적 혹은 능력을 중시하는 회사도 있으므로 당신이 한 기업의 연봉 체계를 완전히 이해하는 건 어렵다. 그러나 우리는 기본적으로 연 단위로 연봉에 상여금과 복지를 더해 한 해의 전체 소득 수준을 알 수 있다.

마지막으로 면접을 통해 알아보는 방법이 있다. 많은 사람이 간과하고 있지만, 그 자리에서 바로 연봉을 협의할 수 있는 게 바로 면접이다. 인사팀은 많은 사람을 상대해왔기 때문에 구직자들의 연봉 기대치를 어느 정도 이해하고 있으며, 상황에 따라 적절하게 연봉을 조정할 수 있다. 다르게 말하면, 면접에서 인사팀이 당신에게 갖는 기대치에 관해 이야기를 나누고, 그들이 생각하는 최고 수준의 연봉을 알아낸다면 당신 몸값을 책정하는 귀한 정보를 얻는 셈이다. 그리고 일반적으로 이직을 할 때, 현재 연봉에서 30% 정도를 올리는 게 합리적이니 이 비율로 당신의 실질적인 처우를 측정하면 된다.

(2) 앞으로의 연봉이 얼마나 상승할 수 있는지 어떻게 예측할까?

연봉 체계는 개인적요소, 외부요소, 직위요소와 연관 있다. 개인적요소는 학력, 능력, 경력, 지식수준, 성격, 경제력 등이다. 외부요소는 업계와 시장에서의 위치를 말한다. 쉽게 말해서 자본중심 기업, 지식중심 기업, 기술중심 기업, 노동력중심 기업 순이라고 생각하면 된다. 부동산, 금용 등 자본중심 기업이 가장 선두에 있고, 그 뒤를 IT기업이 잇는다. 당신 회사가 이 기업에 해당하지 않는, 의류 제조나 미디어 계열이라면 당신 처우 수준은 전체 인력시장에서 높은 수준이 아닐 것이다. 업종을 바꾸지 않을 거라면 받아들이는 수밖에 없다.

게다가 시장에서 위치는 업계 내 기업 순위를 말하므로, 업계 내 상위에 자리매김한 기업은 높은 연봉을 지급할 능력이 된다. 당신이 다니는 회사가 업계 내 상위 몇 프로 기업이 아니라면 당신 연봉수준도 낮을 수밖에 없다. 직위요소는 교육수준과 해당 직위의 관리책임 능력이다. 높은 수준의 학력이나 자격이 필요한 직위는 다른 직원보다 연봉이 높을 것이다. 연봉은 교육수준의 보상이며, 고급 인재가 부족하기 때문이다. 관리자 직급 조건이 상당히 까다롭다면 그만큼 연봉도 높을 것이다.

사람들은 자신의 처우를 평가할 때, '보이지 않는 월급'을 간과한다. 실제로 눈에 보이는 연봉과 복지 외에 보이지 않는 손익도 함께 계산해야 한다. 그래야 현재 자신이 하는 업무를 제대로 이해하고 있다고 말할 수 있다. '보이지 않는 월급'은 브랜드 부가가치와 여가시간으로 나뉜다.

먼저, '브랜드 부가가치'에 대해 이야기해보자. 당신은 하나의 브랜드고, 회사 역시 하나의 브랜드다. 회사는 당신이라는 브랜드에 부가가치를 매긴다. 이 부가가치는 당신의 보이지 않는 월급이다. "오늘의 나는 학교로 인해 명예롭고, 내일의 학교는 나로 인해 명예롭다."라는 말이 있다. 전자는 당신이 학생일 때 명문학교라는 브랜드 가치가 당신의 개인적 가치를 높여준다는 말이고, 후자는 이미 성공한 당신의 명예가 당신이 재학했던 학교의 가치를 높여준다는 말이다. 많은 사람이 하버드대학이나 예일대학 등에 다니는 걸 자랑스러워하는 이유는 그 학교에서 대통령 등 많은 유명인사를 배출했기 때문이다.

물론, 우리는 그 정도로 성공하지 않았기 때문에 고용주가 '나'라는 브랜드에 얼마의 가치를 매길지 더 고민해봐야 한다. 대기업에 취업하거나, 공무원이 되길 희망하는 사람들이 많은 이유가 바로 부가가치 때문이다. 처음에는 처우가 별로였으나 이직 혹은 창업을 할 때는 이 부가가치의 효과를 누린다. 좀 더 구체적으로 말해서 주택자금대출, 비자신청 등 신용과 관련된 업무를 볼 때, 유명기업에 재직한 이력이 있으면 불필요한 증명서를 제출하거나 자잘한 업무를 처리하는 일이 줄어든다. 가끔 대기업과 협력 관계를 맺는 학교도 있으니 후에 자녀 입학에도 유리하다. 대학교수 자녀들이 부속중학교, 부속초등학교에 다니는 것만 봐도 부모 직업이 중요하다는 걸 알 수 있다. 이 부가가치를 현금으로 환산하면 상당한 월급이 추가되는 셈이다. 유명기업에 다니면 유명인사들과 만날 기회도 늘어난다. 유명인사들과의 이런 인맥이 향후 당신에게 도움이 될지 모른다.

그렇다면 브랜드 가치가 불러오는 효과를 어떻게 월급에 대입할 수 있는지, 혹은 어떻게 수치화할 수 있을지 궁금한 사람이 있을 것이다. 경제학자들은 같은 업무시간과 경력 조건을 다른 업무환경에서 요구하는 월급에 놓고 비교한다. 대부분의 회사가 개인의 브랜드 가치를 높여준다.

보이지 않는 월급의 이자는 시간이 지날수록 점점 더 뚜렷해지기 때문에 당신은 이 차이를 계산해낼 수 있다. 이게 바로 시장이 정해놓은 보이

브랜드 가치 외에
여가시간도 보이지 않는 월급이다.
많은 여가시간을 제공하는 회사에 가는 게 좋다.
참신한 아이디어는
여가시간에서 나오는 경우가 많다.

지 않는 월급이다. 그래서 보이지 않는 월급에 실제로 받는 돈을 더하면 당신이 실질적으로 얻는 소득이 얼마인지 알 수 있다.

여기서 주의해야 할 사항이 두 가지 있다. 첫째, 연봉은 동적이라는 점이다. 앞으로의 증가율과 현금화할 수 있는 다른 매개체들을 살펴봐야 한다. 월급 자체만을 보지 말고, 인사담당자를 찾아가 물어보자. 가장 좋은 방법은 정말 믿을 수 있고, 다 말해줄 만한 선배를 찾아가 이 업계에서 얼마 정도의 수익을 볼 수 있는지, 앞으로 얼마나 발전할 수 있는지 자세히 물어보는 것이다. 둘째, 경제학자들은 "다른 사람들이 뭐라고 말하든 신경 쓰지 말고, 그들이 무엇을 하는지를 살펴봐라."라고 자주 말한다. 거의 모든 사람이 현재의 처우가 낮고 연봉이 적다고 불평한다. 당신이 살펴볼 것은 이직률이다. 월급은 적지만, 직원들에 대한 처우가 안정적이라 이직률이 낮은 업종이나 회사가 있다면, 이 또한 보이지 않는 월급이라는 점을 기억하자.

물론 개인의 선택도 있다. 대기업의 분위기를 좋아하고, 출장 시 최소 5성급 호텔에 머무르는 것을 좋아하고, 생활을 즐기는 것보다 돈을 손에 쥐는 것만으로도 행복한 사람도 있다. 그리고 현재의 수입을 중요하게 여기는 사람이 있고, 앞으로 변화를 중요하게 여기는 사람도 있다. 개인차는 존재하지만 보이지 않는 월급의 존재를 이해하고, 변화 가능성을 알아야 당신에게 가장 유리한 결정을 내릴 수 있다.

브랜드 가치 외에 여가시간도 보이지 않는 월급이다. 많은 여가시간을 제공하는 회사에 가는 게 좋다. 참신한 아이디어는 여가시간에서 나오는 경우가 많다. 갓 사회에 입문한 사회초년생들은 여가시간의 중요성을 잘 모르기 때문에 출퇴근 거리와 초과근무 등을 고려하지 않는다. 사회생활을 지속한다고 가정하면, 이는 보이지 않는 월급의 막대한 손실이다. 출퇴근 소요시간, 개인의 체력소모, 체력을 회복시킬 여유가 없어 잃는 기회자원들을 고려해보면, 돈을 버는 게 아니라 오히려 돈을 버리는 셈이다.

간단한 계산법을 소개하겠다. 연봉을 시급으로 계산하는 것이다. 정해진 업무시간이 아니라 업무에 관련된 모든 시간을 계산해야 한다. 한 달간 정확하고 자세하게 시간을 기록해보자. 출퇴근하는 데 걸리는 시간, 야근이나 퇴근 후 재택근무 시간, 회식 등을 다 포함한 시간을 계산한 다음 당신 월급에서 나눠보자. 이게 당신의 진짜 시급이다. 이렇게 계산해보면 겉으로 보기에 좋아 보이는 직업이 막상 별거 아닌 경우가 많고, 별볼 일 없어 보이는 직장이 다니기에 편한 곳도 있다.

보이지 않는 월급은 상당히 중요하다. 여가시간에 투잡을 하지 않더라도 꿈을 실현하기 위해 공부를 하거나 목표를 만들 수 있다. 시간이 없으면, 새로운 기술을 배우거나 발전할 방법이 없다. 꼭 이렇게 하라는 건 아니지만, 보이지 않는 월급을 계산하지 않으면 자신이 얼마나 많은 기회를 버리고 있는지 모른다.

지식조각블록 이 정도는 알고 다니자!

당신이 얼마만큼의 돈을 벌 가치가 있는지 궁금하다면, 인사팀에서 당신에게 얼마의 가치를 책정할지 생각해보자. 앞으로 얼마나 발전할지 궁금하다면, 개인적요소, 외부요소, 직위요소를 고려해보자. 마지막으로 '보이지 않는 월급'의 존재를 항상 기억하자.

일이 힘들 때
당신은 어떻게 하는가?

직장생활에서 월급이 적은 것보다는 희망이 안 보이는 게 더 힘들고 끔찍하다. 현재 다니는 직장에서 배울 게 없고, 눈 감고도 할 수 있을 법한 쉬운 업무만 하고, 처우나 직급이 올라갈 희망이 없다면 당신은 직장이 아니라 '단순노동(잡무, 잡일)의 반복 현장'에 있는 것이다.

이런 생각을 한다는 자체가 나쁜 건 아니지만 진지하게 생각해보아야 할 문제는 있다. 단순노동은 처음 직장생활을 할 때 반드시 거쳐야 하는 과정이다. 더 큰 문제가 발생하지 않으려면 하기 싫어도 단순노동을 해야 한다. "성장할 기회가 없는데 헛수고 아닌가요?"라고 묻는 사람도 있다. 하지만 잘 생각해보자. 갓 입사한 당신이 하는 일들은 성장에 목표를 두는 게 아니라 인내심과 의지, 정신을 단련하기 위함이다. 손오공처럼 여기저기 날아다니는 인물도 7년 동안 허드렛일을 한 후에야 비로소 능력을 습득했다. 힘들게 심신을 단련한 자를 어느 누가 쉽게 보겠는가? 사장은 사소한 부분에서 당신이 어떤 사람인지 판단하는 경우가 많다. 아무리 봐도 비슷해 보이는 소소한 임무들이 사실은 당신을 평가하는 요소 중 하나라는 말이다. 업무반복에 지나치게 예민하게 반응하면 사장은 당신을 경솔하고 융통성 없는 사람이라 평가할 것이고, 당신은 직장생활을 통틀어 가장 좋은 발전 기회를 놓치게 될 수 있다.

업무분담이 활성화된 현대사회에서 대부분의 사람이 반복되는 업무를 한다. 단지, 반복 주기가 각자 다를 뿐이다. 어떤 사람은 매일 200건의 서류를 처리하고, 300장의 계약서를 제본하고, 200명의 면접 대상자에게 전화를 건다. 짧은 시간 내의 반복업무다. 구인업무를 하는 인사담당자는 매년 전국의 대학교를 돌며 구인활동을 한다. 학교 선생님들은 한 회학생들을 졸업시키면, 이듬해 새로운 학생들을 맞이한다. 수업 준비의 내용은 변함이 없다. 이는 비교적 주기가 긴 반복업무다. 다른 사람의 능력을 부러워하지 말고, 반복업무로 자신의 능력을 키우자.

반복업무는 당신의 대뇌를 자극해 습관으로 만들어버린다. 의식적으로 수행하던 업무를 무의식적인 상태에서도 완성할 수 있도록 바꾼다. 운전을 처음 배울 때는 손을 벌벌 떨며 온 신경을 곤두세우지만, 1년만 지나도 브레이크 밟기, 깜빡이 켜기, 주차하기 등을 하는 데 많은 생각을 하지 않는다. 조수석에 앉은 친구와 대화를 하면서 운전하는 데도 전혀 지장이 없다. 바로 이런 게 반복업무가 만들어준 능력이다.

비교적 어려운 업무를 수행할 때, 이런 무의식적인 훈련이 큰 도움이 된다. 예를 들어 대기업 인사관리, 행정관리 등의 업무를 수행한다고 하자. 반복업무지만 이쪽 분야에 대한 감각을 쌓을 수 있다. 현재의 업무에서 배우고 있는 것까지 더하면 금세 해당 분야의 전문가가 될 수 있다. 일류 조종사가 자신의 비행시간이 몇 천 시간에 육박하는 걸 자랑스러워하는 이유는 바로 이런 이치 때문이다.

물론, 대부분이 좀 더 창의적인 업무를 하고 싶어 한다. 게다가 반복업무는 필요한 기술 수준도 낮고, 대체 가능하며, 수입도 상대적으로 낮아 쉽게 권태를 느낀다.

그렇다면 어떻게 해야 수준이 높으면서 창의적인 업무를 할 수 있을까? 먼저 "행동이 기회를 만든다."라는 개념을 꼭 기억해야 한다. 그래야 인정받고 기회가 생긴다. 교육 관련 일을 시작한 친구가 있다. 사내 교육과정 심사를 담당했는데, 기계적으로 점수를 책정해야 하는 전형적인 반복업무였다. 친구는 교육과정과 교수, 이 두 가지 척도가 전부인 기존의 평가기준이 지나치게 허술하다고 생각했다.

그래서 오랜 연구 끝에 창의성, 실용성, 점유율, 전자화 등 다양한 척도를 추가한 새로운 평가기준표를 만들었다. 그리고 분야별로 가중 비율에도 차이를 뒀다. 이 평가기준표를 컨설턴트 회사의 몇몇 전문가에게 보여주니 다들 만족해했다. 이게 바로 단순한 반복업무에서 자신을 위한 기회를 만드는 대표적인 사례다. 현재 자신의 업무를 분석하고, 업무목표를 재조직해서 더 세밀하고, 질적으로 관리하는 것도 좋은 방법이다.

반복업무가 불만이라면 다음의 두 가지 사항을 기억하자. 첫째, 반복업무 그 자체에 합리성이 있으니 어느 정도는 감수해야 한다. 둘째, 심화하고 창의력이 필요한 업무를 하고 싶다면, 거기서 발생하는 스트레스와 위험성을 감당해야 한다. 현재 수행 중인 업무에서 먼저 기회를 찾아 자신의 창의력을 발휘하면 한층 더 발전된 업무를 할 수 있다.

업무권태라는 개념은 뉴욕대학의 한 심리학 교수에 의해 처음 언급되었다. 그는 서비스직이나 의료직에 종사하며 사람들과 감정 교류를 하고 사회적인 서비스를 제공하는 업무를 하는 사람들이 오히려 사람들 속에서 스트레스를 더 받는다는 사실을 확인했다. 일을 장기간 지속하면서 체력이 떨어지고 일에 대한 열정이 사라졌던 것이다. 그리고 점점 사람들에게 무관심하거나 부정적인 태도로 업무에 임하는 증상을 보였다. 소위 말하는 업무권태 현상이 나타난 것이다.

퇴근 후 집에 오자마자 소파에 누워 의욕을 잃은 채 멍하니 있다거나, 꼼짝도 하기 싫어 쉬는 날 어디에 가도 전혀 즐겁지가 않다면 업무권태에 빠진 것이다. 어떤 사람은 아침에 일어나기 싫고, 출근하는 걸 마치 도살장에 끌려가는 일처럼 느끼며, 업무를 할 때 전혀 생기가 없고, 좌절감과 초조함, 불안감의 연속으로 친구를 사귀고 싶지도 않고, 전화벨만 울려도 덜컥 겁이 나는 게 업무권태의 전형적인 증상이다.

"단순히 귀찮은 게 아닐까요?"라고 업무권태를 부정하며 묻는 사람도 있다. 하지만 업무권태와 귀찮음의 차이점은 명확하다. 게으름이나 귀찮음은 지속적인 특성이고, 업무권태는 점진적인 심리적 변화라는 것이다. 예를 들어 예전에는 밤낮을 가리지 않고 야근을 했지만, 지금은 출근해서 축 늘어진다. 예전에는 자신감이 넘쳤는데, 지금은 이것저것 걱정이 많다. 업무의 의미를 의심하고, 자신의 노력을 의심하고, 심지어 자신의 능력까지 의심한다. 업무 자체가 마음에 들지 않는 게 아니라 이제는 나 자신도 마음에 들지 않는 것이다.

업무권태의 원인은 보통 세 가지다. 첫째, 재미와 성취감이 없다. 둘째, 업무에 대한 보상이 전혀 없다. 셋째, 업무에서 존중이나 인정을 받지 못한다.

그런데 업무권태에 상응하는 대책도 있다.

첫째, 성취감을 위해 업무환경을 바꾼다. 무기력함을 떨칠 수 있는 가장 간단한 방법은 환경을 바꾸는 것이다. 회사 내 부서이동이나 이직을 하거나 새로운 업종에 도전해보는 방법도 있다. 연봉, 직급, 미래의 발전 가능성은 고려하지 말고, 현재 자리에서 완전한 업무 경험이 가능한지, 충분히 자주적으로 일할 수 있는지 등을 고려해야 한다. 만약에 단순히 능력을 발휘할 기회가 없어서 이직을 고려한다면, 가장 먼저 이직할 회사에서의 성장 가능성을 고려해야 한다. 그러나 업무권태 때문에 환경을 바꾸려는 의도라면 새로운 회사 혹은 새로운 부서의 분위기, 대표의 마인드, 인간관계 등을 가장 중요하게 살펴봐야 한다.

둘째, 관심사를 다른 곳으로 돌려본다. 업무가 즐겁지 않다. 업무보상이 부족한 것 같다. 하지만 다른 환경으로 전환은 현실적으로 어렵다. 이런 고민 속에서 하루를 견딘다면 지금은 무언가를 바꿀 수 없다는 게 사실 크게 문제될 건 없음을 알아야 한다. 영화 '색계'로 잘 알려진 이안 감독도 서른이 조금 넘어서 첫 번째 영화를 내놓았는데, 급할 게 뭐가 있겠는가? 업무가 당신에게 활력을 주지 못하면, 업무 외의 분야에 관심사를 두자. 사진, 운동, 악기, 여행, 그림, 외국어 등 다양한 분야가 있다. 당신이 무엇을 배우고 어떻게 즐기는지가 중요한 게 아니라, 이런 의미 있는 활동이 당신의 자존감을 높여주고, 무엇을 배우는 과정에서 인간관계도 넓어지고, 특정 분야의 능력도 키울 수 있다는 것이 중요하다. 이런 자신 감은 다른 영역을 접하며 생겨날 수 있다.

셋째, 차별화된 행동을 해보자. 업무권태의 주요 원인이 인간관계 속 스트레스와 감정적인 소모라고 말했다. 예를 들어 직장동료와의 관계가 좋지 않거나 상사에게 미움을 샀거나 누군가가 당신 공을 빼앗는 상황이 있을 것이다. 이런 일들은 크다면 크고, 작다면 작다. 화내기도 모호해서 골치만 아프다. 진지하게 이런 문제를 해결하려 하면, 남들은 당신이 작은 일을 크게 만든다고 욕할지도 모른다. 그렇다고 그냥 내버려두면 당신의 업무 열정이 사라질 것이다. 기왕 이렇게 된 거, 관심대상을 인간관계가 아닌 나를 위한 충전으로 바꾸는 게 좋다. 다른 사람이 당신을 인정하지 않는다면, 인정받을 방법을 찾는 것이다. 이를 '차별화된 행동'이라고 한다.

직장에서의 직위는 해당 업무경력과 실행력에 좌우되며, 업무 자체에 대한 지식은 많이 강조되지 않는다. 그래서 업무에 문외한인 상사가 후에 뒷심이 부족한 사태를 만들어내는 상황이 나타나기도 한다. 좀 더 극단적으로 말하면, 사무실 내의 줄서기가 전체적인 업무실적에 악영향을 끼친다는 걸 간과하기도 한다는 것이다.

여기에 동조하고 싶지 않다면 어떻게 해야 할까? 어떤 업계에 종사하든 업무가 끝난 후 전문지식을 학습하는 습관을 기른다면, 이간질하는 사람들보다 더 오래 웃을 수 있고 더 큰 성취감을 느낄 수 있다. 전문지식을 학습하는 건 일반적인 업무와는 다르게 하는 만큼 되돌아온다. 배운 만큼 얻기 때문에 좌절감을 느끼는 상황이 거의 발생하지 않는다. 남에게 인정받지 못해 업무권태를 느낀다면, 인정받을 수 있는 차별화된 행동을 해보자.

업무권태를 느낄 때, 현재의 자리에서 벗어나거나 자신의 목표를 바꾸면 성취감은 늘고 긍정적으로 변한다. 이런 원칙을 고려해 당신은 사장을 바꾸고, 부서를 변경하고, 회사를 바꾸고, 관심사를 바꾸고, 자신에게는 충전할 기회를 주는 방법을 택하면 된다. 하지만 모든 게 변해도 본질은 달라지지 않는다는 점을 꼭 기억해야 자신의 성장을 확실히 느낄 수 있다. 이것이 회사 내에서 인정받을 수 있는 지름길이다.

지식조각블록 이 정도는 알고 다니자!

반복업무는 신입사원이 꼭 거쳐야 하는 훈련과정이지만, 업무권태의 원인이 될 수도 있다. 업무권태의 구체적인 원인을 파악한 다음, 세 가지 방법(자리 교체, 관심사 교체, 차별화 행동)으로 성취감을 높이자.

가난이 상상력을
제한하게 두지 말라

가난한 사람들은 대부분 한 가지 생각에 빠져 있다. '이렇게 열심히 일하는데, 왜 가난에서 벗어나지 못할까?' 1999년에 출간된 베스트셀러 《부자 아빠 가난한 아빠》는 '금융지식Financial IQ'이라는 개념을 소개했고, 당시 많은 사람이 재물에 대한 인식을 바꾸는 것이 매우 중요하다는 점을 깨닫게 해주었다.

생각을 바꾸면, 재무 상태를 바꿀 수 있을까? 이 말이 사실이라면, 왜 여전히 가난한 사람이 이렇게 많을까? 책에서는 구체적인 방법들을 많이 제시했다. 그러나 적은 계약금으로 방 구하기 등 모든 사람이 유용하게 실천할 수 있는 방법은 아니다. 게다가 저자 로버트 기요사키Robert Toru Kiyosaki도 회사가 파산하고 채무가 연체되는 등 좋지 않은 경험을 했다. 그러나 '부자는 돈을 직업으로 삼는다', '자산과 부채를 확실히 알기' 등 매우 중요한 내용도 알려주었다. 사실 경제신문에서 자주 언급되는 'HNWI(고액순자산 보유자)'는 '부동산을 제외한 금융 자산이 100만 달러를 넘는 사람'이라는 기준으로 정의를 내린 것이다. 결국, 돈이 있다는 건 단순히 돈을 많이 버는 것이 아니라 돈을 만들어내는 능력이 있음을 뜻한다.

그렇다면 재무관리를 어디서부터 배워야 할까? 돈을 절약하고 투자하는 방법이 아니라 생각하는 방법을 바꾸는 게 가장 기본이다. 쉽게 말해 당신이 '이해득실'을 어떻게 바라보느냐에 달렸다. 정확하게 이해득실을 따지는 방법을 확립해야 경제적인 이익과 관련된 일을 처리할 수 있다. 이익을 추구하고 손해를 피하고 싶은 마음은 인간 본성이라 이해득실을 따지는 건 쉬울 것이라 여기는 사람도 있다. 이런 생각 자체가 이해득실의 공생을 간과하는 잘못된 태도다. 일상생활에서 우리가 장단점을 따질 때 흔히 범하는 실수가 선입견을 품는 것이다. 이해득실을 평가하고 최상의 결론을 내린다고 착각한다.

장점과 단점은 본디 양면성이 있는 하나의 체계로, 좋은 것을 취하면 반드시 나쁜 것이 뒤따른다. 한쪽이 내려가면 다른 한쪽이 올라가는 시소처럼 이익이 많으면 손해도 반드시 뒤따른다. 성공한 사람들은 본능적으로 이 사실을 의식하고 있어서 보통 사람들처럼 손해를 입을지에 대해 전전긍긍하지 않는다.

이해를 돕기 위해 '완벽한 국숫집'을 상상해보자.

재료가 괜찮고, 맛있는 국숫집이 있다고 하자. 이 국숫집은 어떤 단점이 있을까? 비싸다. 맛있는 국수를 만들려면 재료값이 많이 들기 때문이다. 맛있는 만큼 입소문을 타니 자연스레 국숫집 브랜드 가치도 오를 것이다. 이 모든 상황을 고려하면, 국숫집 단점은 '비싸다'로 결론지어진다. 단점을 없애고 다시 상상해보자. 맛도 있고, 가격도 저렴하다. 그럼 이번에는 어떤 단점이 있을까? 손님이 많아 줄을 서야 한다. 맛있고 저렴한 만큼 줄은 더 길어질 것이다. 돈을 적게 내려면 시간을 많이 투자하는 게 공평하니 말이다.

여기서 더 '완벽한' 국숫집을 상상해보자. 맛있고 저렴한데, 먹으러 갈 때마다 줄을 설 필요가 없다. 그러면 이 국숫집에는 어떤 단점이 있을까? 비위생적이다? 위치가 별로다? 서비스가 별로다? 사람들은 이런저런 이유를 댈 것이다. 이 세상에 완벽한 게 없듯 완벽한 국숫집이 존재하는 것 역시 불가능하다. 재료가 좋고, 맛있는데 저렴하고, 서비스도 좋고, 청결하고, 교통까지 편리한 국숫집이 존재할까? 꿈 깨라. 이해득실은 공생관계다.

돈과 시간, 혹은 어떤 위험요소를 신경 쓰지 않아야 당신은 가장 맛있는 국수를 먹을 수 있다. 누가 옳고 그르냐가 아닌 우선순위의 차이일 뿐이다. 어떤 경제 현상을 이해할 수 없을 때는 우리가 알지 못하는 선택 제도가 존재하는 건 아닌지 많이 생각해야 한다. 명품이 비싼 이유는 무엇일까? 집값은 왜 계속 오를까? IT기업은 왜 많은 돈을 투자할까? 이런 문제들을 '이해득실 공생'의 논리로 생각하면 세상이 불공평하다고 무작정 원망하지 않을 것이다. 중요한 건 이해득실을 따지는 게 아니라 선택하는 것이다.

이해득실을 따질 때 간과하면 안 되는
결정적인 요소는 당신의 관찰 시점이다.
사람들은 한 가지 관점에서만 문제를 바라본다.
다른 관점에서 보면
또 다른 이해득실의 가능성이 존재한다.

이해득실을 따질 때 간과하면 안 되는 결정적인 요소는 당신의 관찰 시점이다. 사람들은 한 가지 관점에서만 문제를 바라본다. 다른 관점에서 보면 또 다른 이해득실의 가능성이 존재한다. 도덕적, 감정적, 편견적인 요소들로 말미암아 무의식적으로 다방면의 이익을 간과하고 전체적으로 문제를 분석하지 못한다.

2012년, 영화관 같은 공공장소에서 당이 함유된 음료를 큰 컵에 판매하는 것을 금지하는 법이 뉴욕에서 화제였다. 입법자는 다음의 이유로 금지하는 조항을 내세웠다.

"작은 컵으로 음료를 마시면, 한 번에 조금만 마시기 때문에 쉽게 살이 찌지 않는다. 이유야 어찌 됐건 실보다 득이 크다."

그러나 해당 법안을 진지하게 비교하는 사람들이 나타났다. 그들은 "실보다 득이 크다."라는 의견은 살을 빼면 건강에 유익하다는 공공복지 관점에서만 문제를 바라봄으로써 숨어 있는 이익을 무시한 결론이라고 말했다. 큰 컵으로 시원하게 음료를 마실 때 느끼는 쾌감에 얼마의 가치가 있는지 생각해보았는가? 작은 컵으로 마실 때 느끼는 차이는 또 얼마일지 생각해보았는가? 이때 오는 심리적인 작용이 얼마의 이익을 가져올지 생각해보았는가? 반만 마셨는데 음료 바닥이 보일 경우 이때 오는 불안함을 돈으로 환산하면 얼마의 손해일지 생각해보았는가? 이렇게 따지면, 금지법은 결코 실보다 득이 크지 않다. 실제 사례에 대입해보면 당신의 이해득실 표본이 결정된다.

많은 이들이 요즘 젊은 사람들은 퇴근과 동시에 스마트폰으로 게임만하고, 발전할 생각이 없이 허송세월한다고 말한다. 하지만 온종일 일에 시달리던 젊은 사람들의 관점에서 '휴식'은 엄청나게 큰 이윤이다. 이를 고려하지 않으면 당연히 젊은 사람들 행동을 이해할 수 없다. 이렇게 간단한 도리를 왜 많은 사람이 모를까? 이유는 간단하다. 그들의 관점에서 도덕적 정당성이 없는 이윤은 자신 있게 내놓을 수 없는 이윤이므로 이윤이 아니기 때문이다.

선입견에 사로잡힌 호불호는 경제학에서 인정되지 않는다. 가난한 사고의 가장 큰 폐단은 옳고 그름, 좋고 나쁨의 각도로 문제를 살피는 것이다. 그 결과 이윤의 복잡함은 간과하고 사회현상 뒤에 있는 진짜 이유를 오해한다.

가난은 당신의 상상력을 제한하지만, 반대로 상상력은 당신 가난을 제한할 수 있다. 사람이 궁지에 몰리면 다른 생각을 떠올린다는 말처럼 '다른 생각'은 현재 상황을 바꾸는 출발선이다. 물질과 기회의 결핍은 우리의 생각을 키우므로 끝까지 가난하지 않을 수도 있다. 바뀌고 싶은가? 그렇다면 이해득실을 따지는 방법부터 바꿔라!

지식조각블록 이 정도는 알고 다니자!

가난에서 벗어나려면, 우선 이해득실을 따지는 과정에서 실수를 범하지 않아야 한다. 이해득실의 공생에 주의하고, 이해득실을 따지는 새로운 시각을 키우자!

비록 산의 정상에 이르지 못했다 하더라도
그 도전은 얼마나 대견한 일인가.
중도에서 넘어진다 해도 성실히 노력하는 사람들을 존경하자.

- 세네카

2장

어떻게 해야
자율적인 삶을
살 수 있을까?

마음먹은 대로 성공하는 법

자율성이 부족하다는 건 얼마나 심각한 문제일까?

2004년, 미국 의학회AMA는 주의력결핍장애ADHD에 관한 통계자료를 제출했다. 성인 ADHD 환자 800만 명이 사회에 끼친 손해는 매년 770억 달러를 초과했는데, 이는 마약, 알코올 중독자가 끼친 손해보다 더 심각한 수준이다. 해당 통계자료는 심리장애를 앓고 있는 성인들만 포함한 것이다. 만약 여기에 '자율성 결핍'으로 묶이는 사람들을 더하면 손해는 상상도 할 수 없을 정도로 클 것이다.

우리는 다이어트에 실패하고, 아침에 잘 일어나지 못하며, 공부에 집중하지 못하는 것처럼 일상생활에서 자기 절제를 하지 못하는 사소한 일 때문에 절망한다. 이 절망감은 회피하는 행동으로 이어지고, 회피하는 행동으로 말미암아 또 다른 절망에 빠진다. 즉 불안이 불안을 부르는 악순환에 빠져 자기 자신을 미워하게 되는 상황까지 이른다. 그래서 성공한 사람들이 공통적으로 꼭 갖추고 있는 것을 이야기할 때 가장 먼저 언급하는 것이 '자율'이다.

"자율은 성공의 원인이며 자기 자신을 모질게 대해야 한다."라는 일반적인 이 생각은 대단한 오해다. 원인과 결과가 뒤바뀐 것이다.

자율이란 올바른 자기 계획의 결과다. 다시 말해, 자율적이어야 올바른 일을 하는 것이 아니라 올바른 일을 먼저 수행해야 자율적인 사람이 된다. 만약 아무런 근거도 없이 자신에게 '자율성'이 있다는 희망을 품고 자율적인 행위를 한다면 평생 상상에만 머무를 것이다. '자율'과 '타율'을 혼동해서는 안 된다. 마치 조련사가 먹이와 채찍으로 짐승을 조련하듯 상과 벌로 우리는 자신을 길들이길 기대한다. 얼마나 큰 결심을 했건 채찍을 손에 쥔 당신이 자신을 혹독하게 대하는 건 어렵다. 게다가 사람의 의지는 굳건하지 않기 때문에 지속해야 하는 일에서 잠깐이라도 한눈을 팔면 금방 원상태로 돌아온다.

다이어트를 예로 들면, 24시간 지속했을지라도 케이크를 조금만 먹으면 지금까지 노력은 수포로 돌아가게 된다. 한 번 무너진 결심이나 계획은 회복하기 어렵다. 그럼에도 당신은 자율적으로 무엇인가를 추진하기를 원하고 있다. 그것이 당신 자존감을 세우는 유일한 방법이기 때문이다.

이 장에서는 자율을 구하는 당신을 위해 긍정적 심리상태를 갖추는 방법을 소개한다.

자율적인 사람이 되기 위해
알아야 할 것은?

"두 숟가락만 덜 먹었으면 좋았을 텐데"

"운동을 꾸준히 했더라면 좋았을 텐데"

"그때 책을 많이 읽었더라면 좋았을 텐데."

이런 말들은 세상에서 가장 실없는 소리들이다. "만약 ~라면 좋을 텐데."로 시작하는 말은 자율성 결핍에서 비롯된다. 서점에 가면 자기관리에 관한 수많은 인기 도서를 찾을 수 있다. 수많은 자기관리 서적은 하나같이 책에서 시키는 대로만 하면 좋은 습관을 기르고 목표를 이룰 수 있다고 말한다.

일상생활에서도 이런 생각을 찾아볼 수 있다. 사람들은 '자율' 혹은 '자기통제'는 바둑, 달리기, 줄넘기처럼 시간과 노력을 투자하면 충분히 갖출 수 있다고 생각한다. 자율성만 갖추면 성공할 수 있다는 논리는 얼핏 보기에는 우리가 성공할 수 있도록 격려해주는 것 같다. 그러나 반대로 생각하면, 실패한 사람들이 '자율성 결핍'을 실패의 원인으로 핑계 삼고 있는 것이다. 결국 이런 논리는 문제해결에 전혀 도움이 되지 않고 문제를 회피하도록 만든다.

"자율적인 사람이 성공한다."라는 이 말은 얼핏 보면 맞는 말 같지만 사실 그렇지 않다. 자율성을 갖추고 싶다면 자율을 원인이 아닌 결과로 둬야 한다. 예를 들어 우리는 자신에게 미루는 습관이 있다고 생각한다. 업무를 제시간에 끝내지 못하기 때문에, 자기 자신을 통제하지 못하기 때문에 일을 미룬 것이라고 말한다. 이렇게 원인을 찾으면 문제가 해결될까? 그렇지 않다. 오히려 당신의 잘못된 생각을 더 고착화하고, 당신의 자존감을 낮춰서 제풀에 포기하게 만든다. 모든 증상의 '원인'으로 자기 자신을 묶어버리기 때문에 해결 방법을 찾을 때 '나는 나를 통제하지 못해. 결국 해결 방안을 찾지 못해 실패할 거야.'라고 마음을 먹어버린다. 이런 생각 또한 하나의 미루기다.

미루는 습관은 의학적인 병이 아니다. 솔직하게 말해서 당신은 미루는 병에 걸려서 게을러진 게 아니라 게으름을 핑계로 미루는 병에 걸렸다고 말하는 것뿐이다. 그래서 다른 사람이 당신에게 "왜 이렇게 게으르니?"라고 물을 때 "나는 미루는 병에 걸렸기 때문이야."라고 대답하는 건 원인과 결과를 완전히 뒤바꾼 것이다. 자율과 미루는 습관은 모두 원인이 아니라 결과다.

심리학에서 말하는 '자율성' 혹은 '자제력'은 과학적 개념이 아니다. 보통 사람들의 자율성 여부는 당사자의 추진력이 얼마나 큰지에 달렸을 뿐이다. 예를 들어 매일 대량의 원고를 처리하고 글 쓰는 일을 해야 하는 미궈미디어 멤버들이 일을 미루지 않으려면 어떻게 해야 할까? 표를 만들어서 그 위에 각기 다른 항목을 기록한 다음 멤버들에게 지금 무엇을 할지 고르라고 하면 된다.

"자율성을 기르려면 집중해서 한 번에 한 가지 일만 처리하라고 하지 않았나요?"라든가, "다중 스레드 처리 방법은 오히려 정신을 더 산만하게 하지 않을까요?"라는 의문을 제기할 수도 있다. 그러나 처리해야 할 여러 가지 임무를 한꺼번에 기록한 다음 자유롭게 한 가지를 선택하면, 현재 처리하고 있는 일에 당신이 가장 강한 의욕을 느끼는 항목이기 때문에 자연스럽게 집중하게 될 것이다.

미궈미디어에는 처음부터 자율적인 사람은 단 한 사람도 없었다. 모두 차후에 형성된 것이다. 황즈중과 추천은 여전히 게임광이다. 마웨이웨이와 후젠바오의 최대 관심거리는 운동이지 강연이나 원고 쓰기가 아니다. 이들이 업무에서 자율성을 보이는 건 올바른 방향을 잡은 뒤에 생겨난 습관이다.

당신이 어떤 문제 상황에 놓이는 건 내면의 추진력 혹은 의욕이 부족한 탓이다. 내부적으로 심적 동기를 분석하지 않고 외부적으로만 자제력을 키우면 미루는 습관을 절대 고칠 수 없다. 만약에 자율적인 성향의 사람을 만났다면 그 사람이 자율적인 성향을 지녔기 때문에 어떠한 일을 해냈다가 아니라, 가장 먼저 어떤 일을 했기 때문에 자율적인 성향을 지니게 됐다고 생각해야 한다.

자율성이 부족해서 당신이 단어를 외우지 못하는 게 아니라, 단어를 외우기 싫기 때문에 자율적일 수 없는 거다. 그러니 "나는 자율성이 부족해."라고 쉽게 말하지 말자. 당신의 문제를 해결하는 데 전혀 도움이 되지 않을 뿐더러 일을 회피할 변명거리만 안겨줄 뿐이다. 자율성을 결과로 놓고 '나를 변하게 할 의욕 강화하기'와 '잠재된 추진력을 찾는 것'에 중점을 두는 게 당신이 진짜 해야 할 일이다.

예를 들어 헬스클럽에서 운동할 때, 어떤 사람은 운동을 꾸준히 못 한다는 이유로 자괴감을 느낀다. 남들은 어떻게 매일 30분씩 짬을 내서 운동할 수 있을까? 애플리케이션 속 사람들의 하루 걸음 수는 어떻게 나보다 많을까? 이런 생각을 하기 전에, 먼저 자신에게 물어봐라. 당신의 그 패배감이 자기 자신에게서 비롯된 것인지 아니면 당신이 매번 말하는 그 '남들' 때문에 생겨난 것인지를 말이다.

진정한 의미의 자율은 자기 마음속 깊은 곳의 바람에서 시작된다. 어떤 사람들은 뚱뚱한 자기 모습을 받아들이고 싶지 않아서 운동하고, 어떤 사람들은 바깥 공기와 경치를 감상하는 게 좋아서 운동한다. 또 어떤 사람은 헬스클럽에서 사람들과 유대를 맺기 위해 운동하고, 또 어떤 사람들은 고강도 업무를 하기 위해 체력을 증진하려고 운동한다.

어떤 사람은 자율이란 자기 의지로 세울 수 없다고 한다. "당신 안에 잠재된 추진력을 찾았는가?"라고 질문을 던지면 잠재된 추진력조차 방전됐다는 답을 한다. 몇 번 시도했지만 좌절을 맛본 뒤라면 그 생각은 더욱 확고해진다. 이는 자율 의욕상실이 아니라 자율의 거부다. 자율의 이면에는 타율이 있다. 어느 누구든 당신과 사회적 관계를 맺고 있다면 상대에 의해 당신의 자율을 일깨울 수 있다. 그 사람이 당신의 잠재된 추진력을 되살릴 것이다. 자율과 타율은 양립하고 있다. 자율적으로 행동하고 싶은가. 지금 바로 옆 사람을 봐라.

좋고 나쁨, 옳고 그름의 구분 없이 자율은 내 안에 잠재된 추진력으로 이루어진다. 당신의 내면에서 갈구하는 것이므로 자율은 당신에게 맞추는 게 가장 좋다. 당신이 좋아하는 것이 무엇인지, 어떤 일을 하고 싶은지, 가장 큰 바람과 가장 두려운 건 무엇인지, 1년 후에 바라는 모습, 3년 후에 바라는 생활이 무엇인지 곰곰이 생각해보자. 고민이 끝났다면 잠재된 추진력이 가장 강하게 반응하는 일부터 시작해보자. 조금씩 자율적인 사람으로 바뀔 것이다.

지 식 조 각 블 록 이 정도는 알고 다니자!

자율적인 사람이 돼야 자율적인 행동을 할 수 있는 게 아니라, 자율적인 일을 해야 자율적인 사람이 된다. 좋은 습관을 갖추면 자율적인 일을 할 수 있다는 생각은 원인과 결과가 뒤바뀐 것이다.

당신은 왜 항상
작심삼일일까?

자기 변화를 꿈꿀 때, 흔히 'do-have-be'의 규칙을 따른다.

부족하다고 느끼는 한 부분을 채우기 위해 어떤 것을 하고(do), 이를 통해 무엇을 얻게 되고(have), 결국 어떤 사람이 되는가(be)를 생각한다. 그러나 어떤 사람이 될지를 먼저 생각하지 않으면 아무리 많은 일을 해도 성과를 얻기 힘들다.

'do-have-be'를 다이어트에 대입해서 살펴보자.

① 살을 뺄 거야. (do)

② 날씬해진다. (have)

③ 건강하고 자신감이 넘치고 매력적인 사람이 된다. (be)

헬스클럽으로 향한 당신은 운동하는 모습을 사진으로 찍고, 거울 앞에서 복근이 생겼는지 매일 확인한다. 언젠가 TV 속 연예인처럼 멋진 몸매를 가질 거라 상상하고, 날씬해지면 사람들에게 엄청난 주목을 받는 상상에 빠진다. 이런 상상은 동기를 부여해 더 열심히 운동하게 하지만, 동시에 어마어마한 상실감도 불러온다.

be가 지나치게 높기 때문에, do의 효과가 눈에 띄지 않고, have의 희망이 사라진다. 우리가 꿈꾸는 대다수 목표는 즉각적인 피드백을 주지 않는다. 논리는 간단하다. 목표가 실현되지 않고 대다수 사람에게 꿈으로만 남는 건 달성하기 어렵기 때문이다. 달성하기 어려운 건 지속하기 어려워서다. 지속하기 어려운 건 목표를 달성하기 위한 한 걸음 한 걸음이 너무 미미하다. 헬스클럽에서 죽을 만큼 열심히 운동한 다음 체중계에 올라가지만, 체중에는 거의 변화가 없다.

이때 당신은 다음과 같은 심리변화를 겪는다.

① 날씬해지기만 해봐! 하하하!
② 열심히 운동해서 살을 빼야지!
③ 아, 여전히 그대로네.

꿈은 큰데 노력하는 것에 비해 변화가 미미해서 꾸준히 하기 어려운 것이다. 당신의 do-have-be에는 엄청난 빈틈이 있다.

당신을 움직이게 한 동기는 "내가 날씬해지기만 하면 어떻게 할 거야."였다. 하지만 날씬한 사람처럼 행동하지 않으면 날씬해질 수 없다. 체형은 오랜 습관이 쌓아온 결과로 마음먹는다고 하루아침에 바뀌지 않는다. 정말 강한 의지로 살을 뺐지만, 당신 마음속에 있던 '뚱뚱보'가 다시 모습을 드러낼 것이다.

미국의 예능 프로그램 '도전! FAT 제로'에서 무려 59.62%의 체중감량을 기록한 도전자가 있었다. 프로그램이 끝난 뒤, 6년 동안 도전자들을 지켜본 결과 요요를 겪지 않은 사람은 14명 중에 단 한 사람뿐이었다. 해야 할 일은 다 했고(do), 얻어야 할 것도 다 얻었다(have). 그러나 그들의 목표(be)는 아름다운 착각에 불과했다. 결국 그들은 '한때 말랐었던 뚱뚱한 사람'이 되어버렸다.

문제는 순서에 있었다. 올바른 순서는 be-do-have다. 여기에 맞춰 다시 살펴보자.

① 나는 당당하고 매력적인 사람이 될 거야. (be)
② 이런 사람들은 어떻게 행동할까? (do)
③ 그 사람들이 하는 행동을 하면, 나는 어떻게 될까? (have)

각오가 바뀌고, 행동 방식이 바뀌니 당신이 바라던 결과도 저절로 따라왔다. 과도한 목표를 마음에 두지 않는 것이 목표를 달성하는 올바른 방법이다. 원하는 것을 얻는 가장 좋은 방법을 얘기한 사람들이 있다.

미국의 유명한 투자자 찰리 멍거Charlie Munger는 "자신을 먼저 원하는 것과 어울리는 사람으로 만드는 것이다."라고 말했다. 이는 독일의 철학가 칸트Immanuel Kant가 말한 "행복과 어울리는 사람이 되는 것 말고 딱히 행복을 얻을 방법은 없다."와 일맥상통한다. 당신의 목표를 꿈으로만 남기고 싶지 않다면, be-do-have의 순서를 지키자.

승진을 꿈꾸는 직원이 있다. 먼저 상사처럼 생각하고(be), 어떤 상황이 발생했을 때 상사는 어떻게 행동할까(do)를 생각해보면 중요한 직위를 얻을 수 있을 것이다(have). 기회가 행동을 만드는 게 아니라 행동이 기회를 만든다. 만약에 시간과 경력 때문에 승진한다면, 감당하지 못하는 자리에 올라 고생하다가 다시 원래 자리로 되돌아올 것이다.

경영학에 '피터의 법칙'이라는 말이 있다. 수직적인 계층 구조 내에서는 상사에게 잘 보여서 감당하지 못할 높은 직위에 오른 직원이 있다. 그는 승진하기 위해 자신에게 유익이 될 상사를 공략했다. 물질, 감정, 시간, 정성을 그에게 쏟은 결과로 바라던 목표를 이루었다. 그는 자신이 바라는 위치에 올라 존중받기를 원했다. 하지만 우리는 그를 인정하지 못한다. 이게 바로 우리가 잘못되었다고 생각하는 do-have-be의 순서다.

그렇다면 어떤 방법으로 자기관리를 해야 할까? "내가 무엇을 해야 할까?"가 아니라 "어떤 사람이 되고 싶은가?(be)"를 먼저 생각하라. 그러면 자연스럽게 어떤 일을 해야 할지(do) 알게 될 것이다. 다른 사람의 외모, 학벌, 재력(have)을 부러워하지 말고, 'be'부터 시작하자.

지 식 조 각 블 록 이 정도는 알고 다니자!
- -
어떤 사람이 되고 싶은지 먼저 생각하자. 어떻게 행동해야 하는지 맞춰 생각하고, 생활하자. 처음에는 멀어 보이는 목표지만 어느새 달성될 것이다. 기억하자. do-have-be가 아니라 be-do-have다.

자기 변화를 위해서는
어떤 과정을 거쳐야 할까?

대부분의 일은 시작이 어렵다. 반대로 자율은 시작은 쉬우나 지속하는
게 어렵다. 책을 사면 처음에 몇 줄을 읽다가 그만두고, 새해를 맞아 일기
장을 사서 몇 페이지 쓰다가 그만두고, 헬스클럽 연간 회원권을 끊고는
정작 몇 번 가지 않은 적이 있지 않은가? 이런 상황들은 '자기 변화'를 주
도할 때 올바른 과정을 거치지 않았기 때문에 생긴다.

심리학자 제임스 프로차스카James Prochaska와 카를로 디클레멘트
Carlo DiClemente는 자기 변화는 극적으로 깨달아서 변하는 게 아니라 '나
를 바꾸고 새로운 습관을 만드는 다섯 단계'를 거쳐야 한다는 연구성과
를 발표했다.

① 의식 전 단계precontemplation : 문제를 의식하기 전, 문제의 심각성
   을 인정하기 전

② 의식 단계contemplation : 변화의 필요성을 의식

③ 준비 단계preparation : 과정을 알아보고, 실행하기 위한 준비

④ 실행 단계action : 계획을 실행

⑤ 유지 단계maintenance : 상황에 따라 조정하고, 계획을 지속해서 실행

그런데 사람들은 단계별로 대처 방법이 다르다. 사람들은 두 번째 단계인 의식 단계에서 곧바로 실행으로 넘어가는 실수를 매우 많이 한다. 열정이 가장 불타오르는 시기이면서, 결심이 가장 약해질 수 있는 고비이기도 하다. 거대한 장애물을 만나면, 결심이 한순간에 견디기 힘든 부담으로 변해버린다. 예를 들어보자. 당신은 언제 다이어트를 결심하는가? 체중계에 올라 체중을 확인한 후가 아닌가? 또 언제 공부를 해야겠다고 생각하는가? 방금 받은 성적표를 보고 비참함을 느꼈을 때가 아닌가?

이렇게 문제를 의식한 순간이 변화의 의지가 가장 강하다. 이때 바로 행동으로 옮긴다면, 기대치가 지나치게 높아서 비현실적인 계획을 세우게 된다. 사회학자 욘 엘스터Jon Elster는 계획을 세울 때 자신의 상태를 높게 평가하는 것을 '계획의 오류'라고 말했다. 그리고 사람들이 어떤 임무를 완성하는 것을 쉽게 생각하는 이유는 비슷한 선례들을 객관적으로 비교하지 않고 돌발 상황이 발생할 것을 고려하지 않기 때문이라고 했다.

헬스클럽을 운영하는 사람들 사이에 "오지 않는 사람들의 돈을 번다."라는 말이 있을 정도로 연간 회원권을 끊은 사람 중에 꾸준히 오는 사람

은 절반도 안 된다. 많은 회원 수를 보유한 헬스클럽이지만 정작 매일 오는 사람은 몇 명 되지 않는다. 대부분이 두 번째 단계에서 문제의 심각성을 느끼고 헬스클럽 이용권을 끊지만, 이때 변화를 위해 생기는 불편함 혹은 장기간의 과정을 의식하지 않는다. 처음 다이어트 계획을 세울 때는 얼마나 많은 시간을 투자하고, 어느 정도의 강도까지 버틸 수 있고, 어떤 방해 요소에도 흔들리지 않을 자신이 있다. 그러나 첫 번째 고비가 왔을 때 다이어트에 대한 의지는 빠르게 무너지고, 그 이후에도 비슷한 상황을 몇 번 겪고 나면 자신은 원래 의지박약한 사람이라고 치부해버리고 포기에 이른다.

프로이트Sigmund Freud의 '인격 진화론'에서 '퇴행'으로 언급한 것과 같다. 사람은 높은 단계에서 좌절을 겪으면, 낮은 단계로 돌아가 만족과 위안을 얻는다. 다이어트를 하는 동안 간헐적으로 폭식을 하는 것이 바로 이런 심리다. 믿지 못하겠다면 헬스클럽에 가서 잘 관찰해봐라. 얼굴이 창백해질 때까지 운동하는 사람들은 그만큼 강한 의지를 갖췄거나 한계를 뛰어넘고 싶어서가 아니라 처음 운동하러 와서 정도를 모르기 때문이다. 며칠 후에 헬스클럽에 가보면 이 사람들을 거의 볼 수 없을 것이다. 정기적으로 오는 사람들은 운동의 강도나 운동 시간에서 엄청나게 자기를 억제하며 성실하고도 꾸준하게 계획을 실행한다.

일단 변화를 하겠다는 마음을 먹었으면, 자기 열정을 억눌러야 한다. '한 달 동안 매일 30분씩 운동해서 10kg 빼기'나 '매일 책 한 권씩 읽고 1년 후 업계의 전문가 되기' 등은 보기에 쉽게 달성할 것 같은 계획이다. 그러나 자신의 인내심이 어느 정도인지, 목표를 달성하는 과정에서 어떤 현실적인 어려움이 있는지 진지하게 고려하지 않고 세운 것이라면 실현 가능성이 거의 없는 상상에 지나지 않는 계획이다. 기존의 생활방식을 바꾸면 당신이 어떤 심적인 영향을 받는지 실험해야 한다. 예를 들어 식단을 바꾸면 일상생활에 어떤 불편함이 있는지, 매일 운동하러 가면 일정에 어떤 변화가 생기는지를 말이다. 변화가 얼마나 어려운지 충분히 알아야 '준비 단계'를 제대로 끝마칠 수 있다.

힘겹게 의지를 다졌는데 그 속에 있는 어려움을 생각하라니 스스로 찬물을 끼얹는 행위가 아니냐고 반박할 수도 있다. 사실 기대감을 낮추면, 변화를 수행하는 과정을 더 오랜 시간 지속할 수 있다. 변화하는 '폭'이 아니라 변화의 '성공률'을 중요하게 생각해야 한다.

마크 트웨인Mark Twain은 "악습관이 마치 고양이 같다."고 재밌는 비유를 했다. 창문에서 고양이를 직접 데려오는 게 아니라, 한 발짝 한 발짝 고양이가 계단으로 내려오게 유인해야 한다는 것이다. 즉, 악습관을 바꾸는 건 큰 걸음으로 성큼성큼 나아가는 게 아니라 종종걸음으로 달리기하는 것처럼, 이 과정이 성가시다고 해도 어쩔 수 없는 것이다.

왜 종종걸음으로 달려야 할까? 자기 변화를 꿈꾸는 사람에게 실패로 인한 좌절감은 타격이 상당히 크기 때문이다. 다이어트, 독서 등 주제와 상관없이 지나치게 낮은 기대로 실패하는 경우는 없다. 모든 실패 원인은 지나치게 높은 기대와 그로 인한 좌절감이다.

인간 의지에는 한계가 있다. 어떤 일을 할 때, 즉각적으로 효과를 느끼지 못하면 지속하기 어렵다. 당신의 목표가 매일 30분씩 운동하는 게 아니라 식사 30분 전에 물 한 컵을 마시는 것이라고 하자. 성공할 가능성이 매우 커 보이지 않는가? 이 목표를 달성하면 자신감이 생길 것이다. 이 목표로 어느 정도 성과를 거두면 그 다음의 작은 목표를 설정한다. 이런 식으로 진행하면 훨씬 동기 부여가 되지 않을까?

2017년, 중국 시나웨이보에서 10만 명이 넘는 다이어터를 대상으로 설문조사를 했다. 다이어트를 결심한 사람들이지만 다이어트에 대한 적절한 기대치가 있는 사람은 20%도 채 되지 않았다. 적절한 기대치를 가진 사람 중에 실행 단계와 유지 단계에 접어든 사람은 몇 명이나 될 것 같은가? 무려 90%나 됐다. 마음을 먹는 건 어렵지 않다. 실행과 유지 역시 어렵지 않다. 마음을 먹은 다음 냉정하게 자기 자신을 분석해 적절한 기대치를 가지는 것이 가장 어렵다.

다른 사람들이 무작정 환골탈태를 꿈꿀 때, 당신은 '성공률'을 보장할 수 있는 계획을 세워라. 변화의 폭을 너무 높게 잡지 말고, 성공률을 우선적인 요소로 삼아라. 자율은 작은 성공을 모아 큰 성공으로 만드는 결과물이다.

지식조각블록 이 정도는 알고 다니자!

자기 변화는 한순간에 이루어지는 게 아니다. 다섯 단계를 순차적으로 거쳐야 한다. 처음부터 과하게 진행하는 게 실패하는 가장 큰 요인이다. 중요한 건 변화의 성공률임을 기억하자.

남들의 시선을 의식하지 않는다는 말은
왜 거짓말일까?

헬스클럽에 왜 그렇게 많은 전신 거울이 있는지 생각해본 적이 있는가? 이 물음에 대한 답은 한결 같다. 운동하는 자신 모습을 사진으로 찍기 편하다는 것이다. 그렇다면 여기서 몇 가지 궁금해진다.

왜 운동할 때 사진 찍을까? 왜 운동하는 건 자신인데 그 모습을 찍어서 다른 사람에게 공개할까? 왜 다른 사람의 시각으로 자기 자신을 볼까? 이 현상에서 우리는 '자율'과 '타율'의 관계를 엿볼 수 있다. 헬스클럽에 있는 전신 거울은 다른 사람들의 시각에서 나를 보려는 의도가 숨어 있다. 앞에서 말했다시피 자율은 알고 보면 모두 타율이다. 당신 안에 잠재된 추진력을 찾고, 자율적인 행동으로 당신이 간절히 바라는 모습으로 변하는 게 가장 이상적이다. 그러나 그건 말 그대로 가장 이상적인 행동이고,

차선책으로는 타율성을 이용해 자율성을 키워야 한다. 그러기 위해서는 당신만의 '결정적인 타인'을 찾아야 한다. 다음의 사례를 살펴보자.

1966년, 미국의 심리학 교수 로버트 로젠탈Robert Rosenthal은 조교와 한 초등학교를 방문했다. 로젠탈 교수는 1학년에서 6학년까지 각 3개의 반을 고른 뒤, 18개 학급 학생들을 대상으로 '장래 발전 경향 테스트'를 진행했다. 그럴싸한 테스트 결과를 말해준 뒤 로젠탈 교수는 '발전 가능성과 잠재력을 지닌 학생'이라는 명단을 교장선생님과 담임선생님에게 전달했다. 그리고 실험의 정확성을 위해 비밀 유지를 부탁했다.

8개월 후, 로젠탈 교수와 조교는 18개 학급의 아이들과 다시 한 번 테스트를 진행했다. 결과는 놀라웠다. 명단에 이름을 올렸던 모든 학생들의 성적이 눈에 띄게 올랐고, 성격도 밝고 활발해졌다. 또한 학구열이 매우 높아졌고, 다른 사람들과 소통하는 걸 즐겼다.

그렇다면 로젠탈 교수는 선견지명이 있어서 그처럼 똑똑한 학생을 찾을 수 있었을까?

그렇지 않다.

이 실험의 진짜 목적은 아이들의 잠재력을 정확히 테스트하는 것이 아니었다. 타인의 기대치가 기대를 받는 사람에게 얼마나 큰 영향을 미치는지 보여주는 것이었다. 비밀 유지를 약속한 학생 명단은 무작위로 뽑았다. 로젠탈 교수가 선생님에게 한 '거짓말'은 자연스럽게 학생에게 전달됐을 것이다. 정말로 확실히 비밀을 유지했을지라도, 선생님들은 이미 어떤 학생들이 명단에 올랐는지 알고 있으므로 은연중에 시선과 말투로 해당 학생들에게 기대감을 전달했을 것이다. 무작위로 선발된 학생들은 선생님들에게 기대감을 받으면서 성격이 밝아지고 자신감도 생겼음이 당연하다. 그래서 자신들도 모르게 더 열심히 공부하고 점점 더 우수한 성적을 거둘 수 있었다. 이런 현상을 '로젠탈 효과'라고 한다. 권위 있는 기대는 우리에게 강한 영향력을 미친다. 당신이 중요하다고 생각하는 사람이 당신에게 큰 기대를 할 때, 그 효과는 엄청나다. 이게 바로 타인이 갖는 결정적인 의미다.

인간은 사회적인 동물이기 때문에 어떤 판단을 내릴 때 다른 사람의 시각에서 출발하는 경우가 많다. 우리는 습관적으로 주변에서 한 인물을 선정하고 그 사람의 기준에서 자기 점수를 책정하거나, 그들의 의견에 따라 지금 하는 일을 지속할지 포기할지를 결정한다. 수학 시험에서 80점을 받은 학생이 있다. 잘한 걸까? 못 한 걸까? 당신은 "평균을 봐야지!"라고 대답할 것이다. 평균 점수보다 높으면 시험을 잘 본 거고, 평균 점수보다 낮으면 시험을 못 본 게 된다. 하지만 생각해보자. 어릴 때, 반 평균보다 점수가 높은 아이들이 무조건 부모님에게 칭찬을 받았을까? 그렇지 않다. 시험에서 전체 1등을 한 아이는 부모님이 더 높은 기대를 하므로 가정에서 받는 스트레스가 더 클지 모른다. 결국 아이들의 점수는 그들의 결정적인 타인에 의해 결정된다고 봐야 한다. "엄마가 춥다고 해서, 너도 춥니?"라는 말처럼 어른들은 코웃음 칠지 모른다. 그러나 아이들에게 결정적인 타인이 부모님이라면 엄마가 춥다고 하면, 자신도 추운 게 되어버린다. 추운 것의 유일한 기준이 부모님이기 때문이다.

사춘기 때는 부모님이 뭐라고 해도 듣지 않지만, 친구들이 옷차림에 대해 뭐라고 하면 굉장히 신경을 쓴다. 사업에서 어느 정도 성과를 거둔

> 권위 있는 기대는
> 우리에게 강한 영향력을 미친다.
> 당신이 중요하다고 생각하는 사람이
> 당신에게 큰 기대를 할 때,
> 그 효과는 엄청나다.
> 이게 바로 타인이 갖는 결정적인 의미다.

사람은 웬만한 말들에 신경을 쓰지 않지만, 믿었던 사람의 배신은 견디지 못한다. 그들에게 휘둘리지 않고 자신만의 객관적인 판단력을 가지는 것이야말로 우리가 추구해야 할 최고의 경지다. 물론, 대부분의 사람에게는 비현실적인 일이다. 그러므로 우리는 두 가지 방면에서 결정적인 타인을 찾아야 한다.

첫째, 자신감을 키워줄 결정적 타인을 찾아야 한다.

사람들의 생각은 각자 다 다르므로, 자율적인 태도를 유지하려면 나 자신을 인정해야 한다. "나는 너무 형편없어. 나아지고 싶어."가 아니라 "나는 대단한 사람인데, 어떻게 이런 상황을 받아들일 수 있고, 어떻게 이런 일을 할 수 있겠어?"라는 태도가 자율의 기본이다. 스스로 매우 대단하다고 여기기 때문에 자신에게 매우 높은 기준을 설정한다. 옛사람들은 "과격한 사람은 진취적이고, 고집이 센 사람은 함부로 행하지 않는 바가 있느니라."라고 말했다. 요즘 말로 '나르시스'다. 나르시스는 결코 나쁜 게 아니다. 나르시스는 세상을 긍정적으로 해석하는 방식이다. 좋은 태도는 유지하고, 나쁜 태도는 바꾸면 된다. 나르시스가 근거 없는 자신감일지라도 그 효과는 상당하다.

외적인 모습을 바꾸고 싶다면, 당신에게 호의적인 시선을 보내거나 자신감을 불어 넣어줄 결정적인 타인을 찾아야 한다. 마냥 당신의 기분을 좋게 만들어주는 사람이 아니라 당신이 현재 아주 괜찮다는 걸 인정하면서 부족한 부분을 채울 수 있게 믿음을 주는 사람을 찾아야 한다. 뚱뚱하다는 걸 표현할 때 "돼지 같아."라고 말하는 사람이 있고, "몸에 굴곡이 있네."라고 생각하는 사람이 있다. 전자는 악의고 후자는 호의다. 그렇다고 후자의 호의가 "나는 뚱뚱한 게 좋아." 혹은 "네가 뚱뚱해도 나는 너를 사랑해."와 같은 말은 아니다. "사람은 저마다 특별함이 있잖아. 내 눈에는 그게 너의 장점으로 보여."라고 보는 긍정적인 시선이 필요한 것이다. 일상생활에서도 비슷한 사례를 볼 수 있다. 남을 잘 격려하는 사람들은 객관적인 '특성'을 주관적인 '장점'으로 해석한다. 누가 봐도 다리가 굵고 뚱뚱한 모습일지라도 "하체 비율이 좋다."라든가 "근육량은 기초 대사량이 높다는 뜻이니 다이어트에 유리하겠다."라고 해석한다. 실제로 이런 긍정적인 격려는 좌절감과 불안으로 인한 폭식을 막아주고, 건강하고 효과적으로 살을 빼는 데 원동력이 된다.

내적인 경우도 마찬가지다. 업무능력으로 인해 고민하고 당신에게 용기를 주는 타인이 있는지 점검해봐야 한다. 잘하고 있으면서도 늘 고민하고 자신감을 잃어가는 현실에서 "잘하고 있어.", "넌 최선을 다한 거야.", "언젠가 넌 꼭 인정받을 거야."라는 말로 위로를 전하는 타인은 그 자체로 힘이 된다. 그렇다고 그 말을 들은 당신이 자만에 빠져 행동할 일은 절대 없다. 우리 뇌에서는 자기를 반추하고 점검하는 시스템이 스스로 작동하기 때문이다.

절대적 타인은 꼭 당신의 상사이거나 당신보다 높은 위치에 있는 사람이 아니라도 상관없다. 당신 밑바닥에 눌러 붙은 자신감을 일깨울 수 있다면 그 자체로 귀한 사람인 것이다.

둘째, 엄격하게 자기관리를 할 수 있게 도와주는 결정적인 타인을 찾아야 한다.

다이어트를 결심하는 이유는 대부분 주변 사람들의 눈을 의식해서다.

그러나 다른 사람이 당신을 뚱뚱하다고 생각해서 다이어트를 한다면, 그 사람들이 당신에게 날씬해졌다고 할 때는 어떻게 할 것인가? 처음의 동기가 여전히 남아있을까?

결국, 우리 행동은 다른 사람 손에 달려 있다. 남이 그렇게 하라고 하면 하고, 하지 말라고 하면 안 한다. 물론 다른 사람 눈을 신경 쓰는 게 엄청난 실행 동기가 될 수도 있다. 그러나 다른 사람이 당신에게 갖는 관심이 항상 엄격하지는 않다. 체중 5kg을 감량하는 게 당신 목표다. 그렇지만 당신이 5kg을 감량했을 때 다른 사람들이 관심을 가진다는 보장은 없다. 3kg 감량에 성공했을 때, 사람들이 당신을 칭찬한다면 당신은 '지금도 충분하잖아.'라고 생각하면서 목표를 수정할 수도 있다. 이런 식으로 사람은 실행 중간에 자아 평가를 바꿀 가능성이 있기 때문에 처음부터 엄격한 기준을 제시할 결정적인 타인이 필요하다. 다이어트에 관해서는 대개 헬스 트레이너가 전문성이 있다. 헬스 트레이너는 체성분 분석표로 당신의 현재 상황과 앞으로의 목표를 설정하고 어떤 부분을 강화하고 조정하고 유지해야 할지 말해줄 것이다.

친구 중에서 결정적인 타인을 찾으라고 하면 흔히 당신에게 독설하는 사람을 떠올릴 것이다. 이런 사람을 옛날에는 당신의 잘못을 솔직하게 충고해주는 친구라고 했지만, 모든 사람이 독설을 참아내지는 않는다. 그 앞에서는 참아내는 척 할지라도 혼자가 됐을 때 스스로 자괴감에 빠진다. 이런 경험은 누구에게나 한번쯤 있을 것이다.

그래도 요즘에는 절충방안이 있다. 소모임을 만들어 독서, 운동, 취미 활동 등 특정한 일에서 서로 적절한 충고를 해주기로 약속하는 방법이다. 아무리 솔직하고 엄격해도 감정을 상하는 일은 없다. 같은 분야에 대한 호기심으로 모인 사람들이라 대화 내용도 관련 내용이 주를 이룬다. 자기 의견에 동조해주는 경우는 말할 것도 없지만, 설령 자신의 생각과 반하는 의견이 제시되더라도 자연스럽게 받아들일 마음의 준비가 된 상태로 만난다는 것이다. 소모임에서 만난 엄격한 절대적 타인은 당신을 성장시킨다. 채찍을 든 절대적 타인을 겁내지 마라.

지식조각블록 이 정도는 알고 다니자!

우리는 다른 사람의 눈을 신경 쓰면서 살아간다. 다른 사람의 눈을 신경 쓰지 않고, '결정적인 타인'을 찾는 게 자율이다. 그래야 긍정적인 의견을 들으면서, 엄격하게 자기를 관리할 수 있다.

다른 사람의 성공이야기는
왜 도움이 되지 않을까?

당신의 멘토는? 당연히 성공한 사람일 것이다. 학창시절의 교실에는 위인들의 초상화를 걸어두고, 학생들이 열심히 공부하도록 이끌었다. 그래서 초등학생들이 글짓기를 할 때 누구를 참고해야 할까 물으면, 대부분 성공한 사람의 이름을 말하곤 한다. 그렇게 자주 입에 오르내리는 인물 중에 알리바바의 창시자 마윈馬云이 있었다. 대개 하버드 경영대학원에 초대받은 사람들은 성공한 사람들의 이야기를 언급하면서 그들의 성공에는 이런 비밀들이 있었다는 방식으로 연설한다. 그러나 마윈은 2017년 6월, 알리바바 미국 디트로이트 Gateway 17의 연설에서 "빌 게이츠를 당신 롤모델로 삼으면 좌절할 가능성이 크니 옆집의 만두 가게 사장님을 롤모델로 삼으세요!"라고 말했다.

성공한 사람들의 다양한 연설 중에서 드물게 진심이 담긴 말이다. 사람들이 흔히 저지르는 잘못된 방식인 참고 대상의 오류를 지적했기 때문이다. "적합한 참고 대상만 있으면, 진정한 추진력이 생긴다."라는 말을 기억하자.

마윈의 다른 예를 들어보자. 젊은 시절의 마윈은 KFC에 이력서를 냈다. 당시 25명이 이력서를 제출했는데 그중 24명이 합격했다. 그런데 혼자 떨어진 사람이 바로 마윈이었다. 그랬던 그가 꾸준한 노력 끝에 세계적인 기업가가 되었다는 이야기를 들었을 때, 당신의 기분은 어떠한가? 감동적이지 않은가? 그렇다고 창업하고 싶은가? 그렇다. 그런 다음에는? 그런 다음에는 없다. 애초에 당신은 이 이야기에서 무엇을 배워야 했는지 갈피를 못 잡고 있다. 당신을 충분히 자극하는 이야기였지만, 당신은 당신이고, 마윈은 마윈이다. 극적인 이야기는 알겠는데 정작 어떻게 성공에 이르렀는지는 모른다. 그들의 성공이야기를 참고하면, 당신의 현재 상황에서는 어떤 변화도 일어나지 않을 것이다. 주위의 모범생을 진지하게 관찰하는 게 더 낫다. 그 학생이 평소에 수업을 듣는 태도는 어떤지, 어떤 방식으로 복습을 하는지, 과제는 어떤 식으로 하는지, 어떤 식으로 휴식 시간을 보내는지를 말이다. 유명인사들의 믿거나 말거나 성공담보다는 주변에 있는 사례들이 더 배울 가치가 있다. 조금만 노력하면 당신은 그들이 이룬 성과를 거둘 수 있다. 그러므로 그들을 롤모델로 삼으면, 더 쉽게 실행으로 옮기고 헛된 망상에 빠져 있지 않게 될 것이다.

"나도 이렇게 할 수 있어!" 혹은 "나도 그렇게 바꿀 거야!"라고 생각을 품게 하는 사람은 먼발치에 있는 유명인사가 아니라 어느 정도 성과를 이룬 당신의 주변 사람이다. 실제로 과학기술과 정보의 발달로 사람들은 유명인사와 우리가 매우 가까이 있다고 오해한다. 마윈과 같은 유명인사를 동기 부여의 자극제로 사용하는 건 참고 대상을 잘못 선택한 것이다. 참고 대상을 잘못 선정하면 다음과 같은 세 가지 문제가 발생한다.

첫째, 참고 대상과 지나치게 관계가 멀면, 무엇을 배워야 할지 모호해진다.

지나치게 관계가 먼 인물을 참고 대상으로 삼을 경우, 어설프게 따라 해서 실패에 이를 수 있다. KFC 아르바이트에서 떨어진 마윈의 이야기에서 배울 점은 "신분을 상승시키자."나 "잠재된 소질을 키우자."일까, 아니면 "아르바이트는 안 해야겠다."일까? 당사자도 제대로 기억하지 못할 미묘한 심리변화로 당신은 어떤 걸 배울 수 있을까? 불명확하고 추상적인 교훈을 듣고 당신이 바라는 성공의 밑동을 잡았다고 믿지 말라.

둘째, 참고 대상이 지나치게 높은 위치에 있으면, 자신에게 일어난 효과를 느끼지 못할 수 있다.

당신이 곧장 행동으로 따라 옮길 만한 본보기를 보이는 사람을 선정해야 한다. 처음부터 위대한 인물을 참고 대상으로 삼으면, 당신이 힘들게 노력해서 얻은 성과도 눈에 잘 띄지 않게 된다. 초보자의 경우 '작은 목표'를 설정해야 하는데, 이때 '작은 목표'는 마윈 같은 성공한 인물의 눈에 보이는 '작은 목표'가 아니라 당신의 눈에 보이는 '작은 목표'여야 한다. 참고 대상이 지나치게 높은 위치에 있으면 당신이 움직인 한 발과 한 걸음은 너무 미미해 보인다. 임계점에 다다르기 전에 포기를 선언할지 모른다. 그렇게 되기 전에 당신의 주위에 있는, 눈으로 확인 가능하면서 당신의 마인드와 행동을 변화시키는 대상을 찾는 게 맞다.

셋째, 당신과 비교할 수 없는 참고 대상은 진정한 자극제가 될 수 없다.

성현들의 가르침은 보통 "천지의 정기를 기르며, 고금의 성인을 본받아라."라고 말한다. 그들의 가르침은 틀린 말은 아니다. 그렇지만 우리는 요순堯舜 임금처럼 도덕적이지 못하고, 문무주공文武周公처럼 공훈과 업적을 세울 수 없다. 평범한 사람이 이를 따르려면 심리적인 스트레스만 생길 뿐이다. 그러므로 주변에서 자극이 될 만한 참고 대상이야말로 당신을 움직이게 할 진정한 원동력이다.

질투가 아니라 배움의 자세로 주변에 있는 참고 대상을 바라보면, 실제로 우리에게 자극이 되고 도움이 되는 성공담은 '조금은 부족하고 평범한 사람'이라는 사실을 깨닫게 된다. 이런 사례는 우리에게 주는 효과가 매우 크다. 일반적인 성공이야기는 '극적인 역경'과 '엄청난 노력', '역사에 길이 남을 만한 성공'의 구조로 이루어져 있다. 냉정하게 생각해보자. 인생의 논리가 아니라 성공담을 이야기하는 논리다. 성공담을 이야기할 때 눈물이 나도록 감동적으로 한다. 하지만 누가 이런 극적인 전개를 일상생활에서 반영하려고 하겠는가? 한 걸음 한 걸음 확인하면서 수시로 계획을 조정하지 않는 사람이 누가 있겠는가? 어릴 적부터 한 가지 목표를 정해서 온갖 역경이 닥쳐도 변경하지 않으면 과연 행복한 결말을 맞이할 수 있을까? 이런 '성공담을 이야기하는 법'의 논리로 미궈미디어 사람들의 이야기를 하면 다음과 같다.

마웨이웨이, 황즈중, 추천, 후젠바오, 저우쉬안이는 어릴 적부터 토론을 좋아했다. 그리고 정작 해야 할 일은 하지 않는다고 사람들의 따가운 눈총을 받았다. '치파슈오'라는 프로그램에 함께 출연한 그들은 '유료 지식 강좌'를 진행했는데, 시대의 흐름을 잘 타서 취미를 사업으로 바꾸는 데 성공했다. 십여 년 동안 힘들게 쌓아온 지식과 경험은 그들에게 단 1원의 수익도 주지 않았지만, 꾸준히 해온 결과 이 프로그램으로 웃을 수 있게 된 것이다. '유료 지식 강좌의 시대'라고 불렸던 2016년에 그들은 토론을 사랑하는 사람들에서 중국 1위 유료 지식 강좌 콘텐츠 메이커로 화려하게 변신했다.

멋있지 않은가? 성공담 같지 않은가? 이 사례에서 "하는 만큼 보상받는다." 혹은 "꾸준히 하면 성공에 이를 수 있다."라는 틀에 박힌 내용 말고 당신이 배울 수 있는 건 무엇인가? 아무것도 없을 것이다. 그저 '미궈미디어 사람들은 나랑 다르게 원대한 꿈을 가지고 자신을 담금질했구나. 그래서 성공했구나.'라고 생각할 것이다. 남들에게 이해받지 못하는 꿈을 이루고 싶다고 해도 끝까지 버티지 못할 가능성이 더 크다. 버티지 못하는 순간 미궈미디어 사람들은 당신과 다르게 정말 대단한 사람들이라고 생각해버릴 것이다. 결국 당신은 이야기 속 주인공들을 존경하고 자신은 '안 돼.'라고 생각할 것이므로 좋은 점이 하나도 없다.

이번에는 똑같은 이야기지만 각도를 조금 다르게 해서 이야기를 해보자.

미궈미디어의 멤버들은 주변에서 흔히 볼 수 있는 사람들이다. 대단하진 않지만 꿈이 있고, 많지 않지만 재능도 있다. 자기 자신에게 관대하지만 가끔은 모질게 대하기도 한다. 그러나 우리는 한 가지 일을 확실하게 했다. 조금씩 노력해서 가장 좋아하는 일에 최대의 능력을 발휘한 것이다. 우리는 꾸준히 했기 때문에 강해진 게 아니라 원래 이쪽 방면으로 능력이 있었다. 그래서 지금까지 좋아하는 토론을 하면서 살아간다. 토론이 유용하다는 보장은 없지만, 성취감을 느낄 수는 있으니 말이다. 성취감을 느끼면 좋아하게 되고, 좋아하면 꾸준히 할 수 있다. 결코 어려운 일이 아니다.

우리는 꼭 참고 기회를 기다렸다가 '치파슈오'라는 예능 프로그램에 화려하게 등장한 것이 아니다. '치파슈오'는 원래 있던 토론 프로그램이고, 익숙한 장소로 한 걸음을 내디뎌 예능 프로그램의 분위기와 특징에 조금씩 적응한 것뿐이다. 유명해진다는 보장은 없지만 시도해보는 건 나쁘지 않으니 말이다. 유료 지식 강좌가 유행한다는 걸 알고 있었고, 우리의 장점인 분명하게 말하기, 실용적인 이치에 대해 강연하기 등을 내세워 '하오하오슈오화好好说话'나 '지식조각블록' 같은 유료 지식 강좌 콘텐츠를 제작한 것이다. 좋아하는 것, 잘하는 것 등 시장의 수요가 모두 잘 맞아떨어져서 성공에 이른 것이다.

첫 번째 이야기만큼 감동적이지 않지만, 두 번째 이야기가 훨씬 배울 점이 많지 않은가? 그러므로 참고 대상은 주변 사람으로 선정해야 유용하고 가치 있는 것들을 배울 수 있다. 당신과 비교할 수 있는 참고 대상을 찾아라.

지식조각블록 이 정도는 알고 다니자!

목표를 지나치게 높거나 낮게 잡으면 안 된다. 진심으로 당신에게 자극이 되고, 세부적으로 배울 점이 있는 사람이 '적절한 참고 대상'이다.

당신은 왜
입단속을 하지 못하는가?

자율적인 사람이 되는 과정에서 자신에게 용기를 북돋아주는 일은 중요하다. 그때그때, 순간순간마다 언어에 숨겨진 뜻에 주의해야 한다. 예를 들어 '자율'이라는 단어를 말할 때는 무의식적인 암시가 숨어 있다. 겉으로는 자율이 대단한 가치처럼 보이지만, 실제로는 심리적 부담감만 가중시켜 쉽게 포기하게 만든다. 머리를 대들보에 묶어 잠을 쫓은 손경, 허벅지에 송곳을 찔러 잠을 쫓은 소진, 쓸개를 핥으면서 복수를 다짐한 구천은 자율적인 사람을 대표하고 있다. 그러나 곰곰이 생각해보면 다들 조금씩 문제가 있다. 정말 자율적인 생활습관이 길러진 사람이라면, 어째서 그렇게 이를 악물고 자기 자신을 괴롭히면서까지 자율적인 행위를 해야 했을까?

당신이 정말로 자율적인 사람이라면, 자율적인 생활은 당신에게 물 마시는 것처럼 습관이 되어버렸을 텐데 과장할 거리가 있겠는가? 설마 당신은 아침저녁으로 양치질하고, 외출하기 전에 신발 끈을 매는 것도 매일 자신이 자신에게 힘을 실어주어야 가능한 일이라고 생각하는가?

만약 당신이 자율을 위대하고, 어렵고, 혹독하게 해야 얻을 수 있는 것으로 생각한다면 당신은 진정한 자율과 더 멀어질 것이다. 물론 자율적이지 않은 행위를 쉽게 또는 자연스럽게 자율로 바꿀 수 있다는 말은 아니다. 단지 일상생활에서 사용하는 언어 속에 있는 암시를 경계하라는 말이다. 자율이라는 단어에 지나치게 많은 의미를 부여하면, 오히려 어렵게 느끼고 자율을 보통 사람들이 할 수 없는 일로 여기게 된다. 자극을 받기는커녕 놀라서 도망칠 것이다.

많은 사람이 자율에 관한 이야기를 할 때, "자율은 대단한 것이니 우리는 배워야 합니다."라고 말한다. 그러나 실제로 받아들이는 사람에게는 "그렇게 대단한데, 우리가 배울 수 있을까?"로 들린다. 그게 암시의 힘이다. 심리학자들은 언어의 암시가 행동을 바꿀 수 있는 효과적인 방법이라고 말한다. 한 가지 일을 우리가 어떻게 부르느냐에 따라 우리가 그것을 어떻게 대할지도 결정된다.

미국의 행동학자 아모스 트버스키Amos Tversky는 하버드 의과대학원에서 실험을 진행했다. 폐암 치료의 수단으로 새로운 방식의 수술을 해야할지, 어떨지 의사들에게 결정하도록 했다. 실험자는 의사들을 두 개 조로 나눠 생존율에 관한 통계를 다음과 같이 제공했다.

A조 : 수술 후 첫 번째 달에 생존율 90%

B조 : 수술 후 첫 번째 달에 사망률 10%

이렇게 A, B조에게 같은 통계 결과를 다른 틀로 보여줬다. '생존율 90%'와 '사망률 10%'라는 둘의 통계 결과는 똑같다. 그러나 A조의 결과를 본 의사 중 84%가 수술을 택했고, B조의 결과를 본 의사 중 50%가 수술을 택했다고 한다.

다시 다이어트라는 주제로 돌아가 보자. 언어가 우리에게 미치는 영향을 이해했으니 이 효과를 어떻게 이용하면 좋을까? 많은 사람이 다이어트는 입단속이라고 말하는데, 다른 용어는 없을까? '적게 먹기'라고 말하지 않고, '더 잘 먹기'라고 말한다면 어떨까? 효과는 같을지라도 느낌은 다르지 않은가? 몸매가 좋은 사람들이 먹는 양은 우리와 크게 다르지 않다. 그들은 좋은 음식, 더 다양한 음식을 먹고, 미각이 예민한 게 차이점이다. 미식가들은 쉽게 살찌지 않는 이유는 우리보다 음식에 대한 요구 사항이 더 엄격하기 때문이다.

'잘 먹기'를 목표로 삼았을 때, 패스트푸드를 먹지 않은 건 입단속 때문이 아니라 입에게 미안하지 않기 위해서이다. 이와 비슷하게 다이어트를 할 때 자신에게 혹독하게 대하지 말고, 조금 더 잘해주자. 먹보는 살이 찌지만, 미식가는 날씬해진다는 말을 이해하는 건 어렵지 않다. 만약에 당신이 처음부터 입단속에 갇혀 있다면, 언어가 주는 암시를 벗어나지 못하고 당신의 생각도 고정되어 바뀌기 힘들다. 다이어트가 정말로 자기와의 싸움이라면, 꾸준히 자기와 싸울 수 있는 사람이 얼마나 되겠는가?

다이어트에 관한 단어들을 나열한 다음, 반대로 바꿔보라. 다이어트의 적이라고 느꼈던 것들이 새롭게 인식되면서 피로감을 줄일 수 있다. 언어가 암시하는 힘으로 채워지는 포만감을 즐겨라.

 이 정도는 알고 다니자!

한 가지 일을 어떠한 방식으로 부르는지는 그 일을 바라보는 관점에 상당한 영향을 미친다. 자기관리를 하고 싶으면 정확한 언어를 사용하는 법을 먼저 배워야 한다.

그대가 얻고 싶은 것을 가졌거든
그것을 얻기에 바친 노력만큼 그대도 노력하라.
이 세상 모든 물건은 대가없이 얻을 수 없는 일이다.

- 힐티

3장

효율이
높은 사람은
어떻게 사고할까?

자신을 효율적으로 사용하는 법

"당신들은 어쩜 그렇게 막힘없이 술술 반박을 잘 하죠? 타고난 거겠죠?"

중국의 말하기 3대 고수라 불리는 마웨이웨이, 추천, 황즈중이 대중들로부터 종종 받는 질문이다.

보통은 토론할 때 상대방이 무슨 말을 하면 한참을 고민한 다음에 겨우 대답하는데 그들은 바로 답변을 한다는 것이다. 그렇다고 아무 말이나 막 던지는 것도 아니고, 무릎을 '탁' 치게 할 만큼 이치에 맞는 말을 한다며 경의를 표한다. 타고나지 않으면 그렇게 잘할 수 없다는 선천적 이유까지 들먹인다. 소위 말 잘하는 성공한 인사들을 두고 하는 가장 흔한 오해다.

사실은 빠르게 반응하는 것보다 정확도가 더 중요하다. 머리회전이 빠르지만 생각하는 습관 자체가 잘못돼 몇 차례 틀린 대답을 하다가 정확한 답변을 도출해내는 사람이 있다. 제3자의 관점에서 보면 그 사람은 말주변이 없는 사람으로 여겨진다.

반대로 평소에 올바르게 사고하는 습관을 기른 사람은 내놓는 답변마다 다 정답이다. 생각하는 시간이 조금 오래 걸리더라도 사람들 눈에는 생각과 판단이 빠른 사람으로 보인다. 감탄사가 절로 나올 만큼 뛰어난 능력을 갖춘 사람들은 사실 올바른 방법을 답변으로 선택한 것뿐이다. 만약 당신이 어렵게 느껴지는 일이 있다면 그건 처리 방법을 제대로 모르기 때문이다.

개인마다 IQ, EQ, 집중력의 차이는 있지만, 같은 선상에서 경쟁하는 라이벌의 능력은 당신과 별다른 차이가 없다. 경쟁 포인트는 어떤 방법을 선택하느냐에 달렸다. 이해를 돕기 위해 간단한 수학 문제를 내보겠다. 1.01의 90제곱은 얼마인가? 정답은 약 2.45다. 즉, 정확한 방법을 사용해서 매일 1%의 효율이 오른다고 가정하면, 3개월 후 당신의 효율은 다른 사람보다 2.45배 높을 것이다. 어떤 선택을 하는가에 따라 출발점과 능력까지 비슷한 사람들이 부채꼴 모양으로 격차가 벌어지는 차이가 보이는가. 그러나 두려워하지 말라.

이 장에서는 효율을 높일 수 있는 지식조각블록에 대해 배워보자.

제대로 된 질문이
효율을 높인다

대부분의 계획은 설정 단계에서부터 성패가 결정된다.

새해, 신학기, 첫 출근 등 의미 있는 날에 세운 계획 중에 이룬 것들이 몇 가지나 되는지 살펴보자. 대부분의 사람은 '열정→현실 자각→불안→포기→새로운 열정'이라는 과정을 반복한다. 꿈이 있다는 건 좋지만, 하늘에서 돈 가방이 떨어지듯 갑자기 이루어지는 것은 아니므로 '만약 꿈이 이뤄진다면'이라는 헛된 생각은 버려야 한다. 신중하고 진지하게 당신의 꿈을 살펴보고, 과학적인 방법으로 목표를 세워야 한다.

그럼에도 불구하고 당신이 꿈을 실현하지 못하는 이유는 노력하지 않아서, 자율적이지 않아서, 절박함이 부족해서, 인내가 부족해서가 아니다. 애초에 '헛된 목표'를 설정했기 때문이다. 예를 들어 당신이 '영어 잘하기'를 목표로 삼았다고 치자. 이 목표는 아무런 의미가 없다. 단순하게 영어를 잘하겠다는 방향을 정한 것뿐이다. 목표에는 구체적인 행동이 필요하다. 당신이 무엇 때문에 영어를 공부하려는지 짚어보자.

유학 준비를 위해? 영어로 일상 대화를 나누기 위해? 자막 없이 미국 드라마를 보기 위해? 시험을 치기 위해? 만약 시험이 영어 공부 목적이라면, 어떤 시험이 목표인가? 토플TOEFL 아니면 토익TOEIC? 현재 영어 수준은 어느 정도인가? 앞으로 어느 정도의 수준에 이르길 원하는가? 시간을 얼마나 투자해야 할까? 구체적으로 매일 몇 시간을 공부해야 할까? 등 질문은 구체적이면 구체적일수록 좋다. 정확한 학습 목표를 수립하고, 수시로 계획을 평가하고, 즉각적인 피드백을 받아야 진정한 학습 효과가 생긴다. 주변 친구들을 관찰해보라. '영어 공부'라는 말을 했을 때, 단어 외우기, 미국 드라마 보기를 가장 먼저 떠올린다면 목표가 불명확한 사람들이다. 그들은 친구를 사귀는 것처럼 영어를 매일 보고 듣다 보면 미운 정이든 고운 정이든 들 거라고 생각한다. 안타깝게도 친구도 매일 보다 보면 질려서 만나는 것도 흐지부지될 수도 있다는 점을 간과하고 있다. 결국, 영어 잘하기라는 목표는 어디서부터 손을 대야 할지 모를 '헛된 목표'일 뿐이다.

어떤 목표가 '괜찮은 목표'일까? 경영학 이론 중에 'SMART 원칙'이 있다. 이 원칙이 올바른 목표를 찾고, 목표를 평가할 기준을 알려줄 것이다.

1954년 미국의 경영학자 피터 드러커Peter Ferdinand Drucker가 목표 관리라는 개념을 제기했다. 1981년, 목표 설정에서 가장 중요한 원칙 Specific(구체적), Measurable(측정 가능성), Attainable(실현 가능성),

Relevant(관련성), Time-bound(시간적 제한)의 앞글자를 따서 SMART 원칙이라는 용어가 탄생했다.

(1) 구체적인 목표Specific

목표는 구체적이어야 한다. 악센트 고치기는 영어 잘하기보다 훨씬 더 좋은 목표다. 믿을 수 있는 남자친구를 사귀는 것보다 클럽에 가지 않는 남자친구를 사귀는 것이 훨씬 더 구체적이다. 성공하겠다는 것보다 승진하겠다, 자격증시험에 합격하겠다, 어제 보다 더 팔겠다는 목표가 더 현실감 있고 구체적이라는 것이다. 세우려는 목표가 얼마만큼 구체적인지 여러 번 확인하는 것이 좋다.

목표를 구체적으로 설정하는 일이 쉽다고 생각하면 오산이다. 구체적으로 보이는 목표가 실행 단계에서 애매하게 변해버리는 예도 있다.

2016년 미궈미디어가 '하오하오슈오화'라는 중국의 유료 음성 강좌 콘텐츠를 기획할 때, 직원 중에 한 사람이 "1등 프로그램으로 만듭시다!"라고 말했다.

듣기에는 꽤 그럴싸해 보이지만, 여기서 말하는 1등은 구체적으로 어떤 1등을 말하는 걸까? 방송 채널에서 1등? 전체 온라인에서 1등? 말하기와 관련된 강좌에서 1등? 아니면 유료 강좌에서 1등? 규모 면에서 1등? 화제 면에서 1등? 이윤에서 1등? 1등의 종류가 다양한 만큼 주력해야 할 방향도 달라진다.

마케팅의 관점에서 봤을 때, 규모 면에서 1등을 하는 것과 화제 면에서 1등을 하는 것은 예산 측정 면에서 완전히 다르다.

사전 기획 단계에서 구체적이지 않으면 실제 제작과정에서 마찰을 겪게 될 것이다. 불분명한 목표는 마른 흙과 같아서 전체를 한 손으로 꼭 쥐고 던지면 사방으로 흩어져버린다. 그런 목표로 효율을 높이고 임무를 완성하는 건 어렵다. 시간이 조금 걸릴지라도 단단한 바위를 만들듯 구체적이고 탄탄하게 목표를 세워야한다.

(2) 측정 가능한 목표Measurable

최종 결과를 측정할 수 없다면, 그 목표는 불확실하고, 구체적인 행동으로 옮길 수 없다. 금전적인 여유는 많은 사람이 꿈꾸는 목표다. 하지만 얼마나 벌어야 금전적인 여유라고 말할 수 있는지 분명하게 말할 수 있는 사람은 없다. 그래서 어떤 사람은 금전적인 여유를 '가게에서 망설임 없이 물건을 사는 여유', '전자제품을 사는 여유', '자동차를 사는 여유', '집을 살 수 있는 여유' 순서로 기준을 정했다.

그러나 곰곰이 생각해보면 뭔가 석연치 않은 구석이 있다. 전자제품이 자동차보다 가격이 낮고, 자동차가 집보다 저렴하다고 보장할 수 없다. 그런데도 이렇게 순서를 정한 이유가 뭘까? 사고 싶은 걸 마음껏 사도 될 정도로 금전적 여유가 있는 것으로 생각한다면, 그건 당신이 세상을 잘 모른다는 말이다.

작은 것에 만족을 느끼는 사람은 돈을 많이 벌지 않아도 부족함을 못 느낀다. 돈을 함부로 쓰지 않는 사람은 돈이 많아도 하나하나 따지면서 돈을 쓴다. 그런데 어찌 물건을 마음껏 사는 사람이 금전적 여유가 있고, 그렇지 않은 사람은 금전적 여유가 없다고 말할 수 있겠는가! 결국, 금전적인 여유는 객관적으로 측정할 수 없는 주관적인 느낌이므로 목표가 될 수 없다.

목표를 측정할 수 없으면, 계획을 작은 단계로 세분화할 수도 없다. 목표를 실현하기 위한 과정에서 목표를 수시로 평가하고 즉각적인 피드백을 받지 못하면 아무리 의지가 강한 사람이라도 끈기 있게 해나가지 못한다.

휴대전화나 컴퓨터의 진도 그래프를 본 적이 있을 것이다. 진도 그래프는 어떤 용도일까? 단순히 계산을 위한 용도라면 없어도 무방하다. 그러나 사용자 관점에서 "현재 여기까지 진행 중이고, 완성까지 몇 퍼센트가 남았습니다."라고 알려줄 사람이 없다면, 가만히 앉아서 마음만 졸이고 있을 것이다.

사람은 사회적인 동물이라 즉각적인 피드백을 좋아한다. 그 어떤 거창한 목표도 '작은 성과'를 수시로 확인하지 못한다면 지쳐서 중간에 포기할 가능성이 크다. "천 리 길도 한 걸음부터."라는 속담에는 천 리를 가야 하는 거대한 목표도 한 걸음 한 걸음 나누지 않으면 실현도 불가능하다는 속뜻이 있다.

(3) 실현 가능한 목표Attainable

"이뤄질 수도 있으니 꿈은 크게 가져야 해."라는 말을 입에 달고 사는 사람들은 현실성 없는 꿈은 얻을 수 있는 게 아무것도 없다는 사실을 간과하고 있다. 높은 목표를 세우면 중간 정도까지는 이룰 수 있다고 생각하는 사람들의 사고이다.

그렇다면 꿈을 중간 정도 이루면 성취한 것일까? 만족스러운가? 흔쾌히 그렇다고 대답하는 이는 현실성 없는 꿈은 얻을 수 있는 게 아무것도 없다는 사실을 모른다. 말로는 못 할 말이 어디 있겠는가? 지금이야 무엇이든 다 이룰 수 있다고 생각할 것이다. 그러나 그들은 두 가지 원칙을 간과하고 있다.

첫째, 계획을 세우면 적용하는 단계에서 어느 정도 수정이 필요하다.

"나중에 수정하면 되지."라는 마음가짐으로 계획을 세웠다면 당신은 계획을 허투루 세운 것이다. 나중은 없다. 실제로 계획이 수정 되는 예를 본 적도 없다. 처음부터 대략 세운 계획이기에 수립하는 과정도 대충이었으며, 다시 계획을 검토하고 수정하는 과정에서도 한 번 시도했던 계획이라 꼼꼼하게 되짚지 않는 경우를 허다하게 봤다. 꼭 달성할 목표라면 계획 단계부터 심사숙고해야 하며, 계획 단계에서 수정을 겁내면 안 된다.

둘째, 타협하지 않으면 기존에 얻을 수 있었던 소득마저도 얻을 수 없다.

중국의 한 광고업계 전문가가 원대한 포부를 가진 클라이언트를 만났다. 그는 이름도 없는 휴대전화 브랜드를 출시할 예정이었다. 요즘은 적게 투자해도 즉각적인 효과를 볼 수 있는 바이럴 마케팅이 성행한다면서, "현재 1억 5천만 원의 비용이 있어요. 투자를 받지 않고 큰 효과를 보려면 어떻게 광고를 해야 할까요?"라고 물었다. 터무니없이 적은 비용에 전문가는 당연히 놀랐지만 매너 있게 질문을 이어갔다. "경쟁상대로 생각하는 브랜드가 있나요?"라는 질문에 클라이언트는 자신 있게 "화웨이입니다!"라고 말했다. 전문가는 할 말을 잃었지만, 마지막 인내심을 발휘하여 고객이 말한 샘플을 테스트해봤다. 단순한 게임을 하는 데도 버벅거렸다. 결국 계약은 무산됐다.

이 사례에서 인재가 없고, 예산이 부족하고, 품질이 낮은 건 치명적인 문제가 아니다. 적절한 대책을 세워 조치하면 그에 걸맞은 시장을 찾을 수도 있다. 진짜 문제는 실현 가능성의 범주를 지나치게 뛰어넘은 것이다. 이렇게 되면 실현 가능했던 부분도 전부 수포가 된다. 실현 불가능한 목표에 성공의 문은 결코 열리지 않는다.

(4) 관련성 있는 목표 Relevant

"왜?"는 목표를 설정할 때 반복해서 되물어야할 질문이다. 목표의 적합 여부는 스스로 판단하는 게 아니라 관련 있는 다른 목표로 결정된다. 백만장자가 되는 것이 A의 목표라고 하자. 과연 적합한 목표인가? 잘 모르겠다면 계속해서 물어보면 된다.

"왜 백만장자가 되고 싶나요?"

"잘 살고 싶어서요."

"어떻게 사는 게 잘 사는 걸까요?"

"좋은 집에 살고, 좋은 차를 타고, 사람을 부리며 사는 것이 잘 사는 거죠!"

참 뻔한 말이지만 돈을 많이 버는 것이라는 목표와도 밀접한 관계가 있다. 만약 A가 "시골에 집을 짓고 편히 쉴 만큼 돈을 버는 게 잘 사는 거예요."라고 대답한다면 "당신의 목표는 당신이 원하는 것과 전혀 관련이

목표란 설정 단계부터
치밀하게 밀접한 다른 목표가 있을 때
힘을 발휘한다.

없어요. 그러니 좋은 목표가 아닙니다."라면서 그를 말리길 바란다.

왜냐고 묻는다면 "첫째, 힘써 일할 필요가 없다. 둘째, 동기 부여가 안된다. 셋째, 달성해도 행복하지 않을 것이다."라고 말해주어라. 목표란 설정 단계부터 치밀하게 밀접한 다른 목표가 있을 때 힘을 발휘한다.

(5) 데드라인이 있는 목표Time-bound

목표와 꿈의 가장 큰 차이는 시간적인 제한이다. 예를 들어 어린이에게 나중에 커서 어떤 사람이 되고 싶으냐고 물으니 '우주비행사'라고 대답했다. 생각으로 그치기 때문에 이를 꿈이라고 한다. 그렇다면 목표란 무엇일까? 우주비행사가 되고 싶다고 대답한 아이에게 다음 질문을 해보자.

"몇 살이면 우주비행을 하고 있을 것 같니?"

"서른다섯 살이 되기 전이요!"

이게 목표와 관련된 대화다. 현재 우주비행사 선발 과정을 참고해보자. 서른다섯 살 전에 우주를 비행할 자격을 얻고 싶다면, 최소한 스물다섯 살에는 뛰어난 실력을 갖춘 비행사가 되어야 한다. 스물다섯 살에 뛰어난 실력을 갖춘 비행사가 되려면, 스무 살에는 비행 훈련을 시작해야 한다. 스무 살에 비행 훈련을 시작하려면, 지금부터 체력 단련을 해야 한다. 시력도 좋아야 한다. 이런 식으로 시간적인 제한을 두니 상상으로 끝나는 게 아니라 거기에 맞춰 지금부터 무엇을 해야 하는지가 결정된다. 본격적으로 목표를 이루기 위한 실행에 착수한 거나 마찬가지다. 여기서 목표가 행동으로 변한다.

"제한된 시간이 있다."라는 조건은 당신을 압박하고 강압적으로 통제할지 모른다. 하지만 목표를 향한 모든 행동의 전제조건이므로 제한된 시간을 주축으로 목표를 향한 시간을 계산할 수 있다. 업무를 할 때, 데드라인Dead line이 없으면 미루고 미루다 시간만 허비한다. 즉흥적 의욕만으로 임무를 완성하려는 건 불가능하다. 냉정히 말해 데드라인 없이는 희망도 없다.

 이 정도는 알고 다니자!

좋은 목표를 세우면 반은 성공한 것이다. 목표를 세울 때 SMART 원칙을 이용해보자. 다섯 가지 원칙에 맞으면 실행에 착수하라.

테트리스는 왜 인류 역사상
가장 성공한 게임일까?

만약 공부나 업무가 게임 같다면 얼마나 좋을까! 누구나 한 번쯤은 이런 생각을 해봤을 것이다. 우리 뇌는 마치 두 개의 시스템으로 나눠진 것처럼 평소에는 나태하다가도 게임처럼 재밌는 무언가를 발견하면 고도의 집중력을 발휘한다. 한 판을 힘들게 깨고 또 다음 판으로 넘어가고, 이렇게 끊임없이 도전한다. 큰돈을 버는 것도 아니고 어떤 보상을 받는 것도 아닌데 돈을 버는 일보다 게임을 하는 데 온 정신을 집중한다.

그러나 이것도 잠시뿐 당신은 금세 현실로 돌아온다. 일은 일이고, 게임은 게임이다. 현실에서 게임처럼 일을 하고 돈을 벌 수 없지 않은가. 그러나 프로게이머나 온라인 게임 방송의 진행자처럼 게임이 본업인 사람도 있다. 게임이 무조건 즐겁기만 한 건 아닐 수도 있다는 말이다. 다시 생각해보자. 게임에서 보고 배울 만한 점이 없을까?

업무를 할 때 어째서 기력이 빠지고 의욕이 생기지 않을까? 월급이 적어서? 업무 강도가 세서? 동료들과 사이가 좋지 않아서? 그러나 게임할 때를 떠올려보자. 난관에 봉착했는데, 주변에서 적들이 나타나 당신을 괴롭히고 있다. 아무런 보상도 없는데도 난관을 뚫기 위해 싸우면서 즐거워한다. 그러니 월급이 적고, 업무 강도가 세고, 동료들과 사이가 좋지 않아서 등의 이유는 업무를 할 때 기력이 빠지고 의욕이 생기지 않는 이유가 될 수 없다.

진짜 원인은 피드백이 없기 때문이다.

앞서 언급했듯 즉각적인 피드백이 없으면 자율적 습관을 기르기가 어렵다. 좀 더 깊이 들어가 보자. 능률적이면서 즉각적인 피드백은 행복의 원천이다. 돈이 많고 적고를 떠나 은퇴 후 삶에 관한 이야기를 해보면 대부분 사람이 전원생활을 떠올린다. 동식물을 키우고 가꾸는 건 전통사회에서 주로 했던 일들이 아닌가? 일하느라 평생 고군분투했으면서 다시 예전의 생활방식으로 돌아가면 행복할 수 있을까? 이런 현상이 나타나는 이유는 업무 기회가 서비스업으로 많이 전환되면서 구체적인 성과를 보기 힘들어졌고, 여기서 생기는 정신적 괴로움이 은연중에 우리에게 영향을 주었기 때문이다.

은연중에 우리도 즉각적인 피드백을 갈구하고 있다. 하지만 업무도, 실적도, 성과도, 당신이 한 일에 비해 반응은 더디게 나타난다. 그 대체품이 바로 게임이다. 제인 맥고니걸Jane McGonigal은 저서 《누구나 게임을 한다》에서 게임의 가장 큰 매력은 사람에게 실시간으로 피드백을 준다는 점이라고 말했다. 점수, 레벨, 진도 등의 방식으로 유저가 목표를 달성하고 있다는 느낌을 주고, 거기서 얻는 성취감이 계속해서 게임을 하게 만드는 원동력이라는 것이다. 게임이 가진 공통의 매력은 바로 즉각적인 피드백이다. 인류 역사상 가장 위대한 게임이라고 할 수 있는 '테트리스'의 인터페이스는 단순하고 허접하기 그지없지만, 비교가 안 될 정도로 피드백 속도가 매력이다. 시각과 청각으로 블록을 쌓고 블록이 다시 사라진다. 이것 또한 일종의 피드백이다. 점수가 계속 오르는 것도 피드백이고, 난이도가 점점 올라가는 것 또한 피드백이다. 즉, 피드백은 게임의 본질이다. 올바른 피드백만 제공하면 만사형통이다.

아기는 태어나 처음 모국어를 배울 때 조금의 어려움도 느끼지 않는다. 그 이유는 사소한 발전도 큰 반응으로 돌아오기 때문이다. 아기가 '마'와 같은 발음을 내면, 온 가족이 둘러앉아서 "방금 엄마라고 말했어!"라고 말한다. 아이가 조금 성장해 "밥을 먹어."라는 말을 하면, 어른들은 주문을 외우듯 '먹다'와 관련된 단어들을 알려주기 시작한다. 이렇게 완벽한 피드백이 갖춰지면 배우지 못할 게 뭐가 있겠는가! 반대로 아이가 옹알이할 때는 아무런 반응을 하지 않다가 완전한 문장을 구사하고, 단어를 정확한 용도로 사용한 뒤에야 감격하고, 박수를 친다면 아이의 모국어 실력은 어떻게 될 것 같은가? 우리는 대개 이런 방식으로 업무를 하고 있다. 회사에는 여러 부서가 있고, 당신은 한 부서의 구성원이다. 당신이 하는 일은 회사 전체의 일 중에 단편적인 조각일 뿐이다. 그렇게 조각된 일을 진행하다 보면 당신이 하고 있던 일을 또다시 무수한 조각으로 나눌 수 있다는 걸 깨달을 것이다. 당신이 계속 야근하고, 정신없이 바쁘지만, 성취감을 전혀 느낄 수 없는 이유는 바로 이것 때문이다. 기진맥진할 정도로 일에 매달려도 당신과 직접 관련된 일은 하나도 끝낸 게 없으니 그야말로 괜히 바쁘기만 한 게 아닌가?

게임처럼 간단한 피드백을 주는 것은 업무 능률을 올리는 방법이다. 구체적으로 어떻게 해야 할까?

극단적인 방법으로 생각해보자. 월급을 한 번에 주지 않고, 게임 속 성취도처럼 당신의 한 달 업무를 무수한 성취로 나눈다면 어떻게 될까? 당신의 자리에 센서를 설치해두고 사무실 책상에 앉으면 휴대전화에서 "월급 10,000원을 획득하셨습니다!"라고 알림이 온다. 오후에 열심히 일하면 20,000원을 추가로 획득한다. 퇴근할 때까지 딴 짓을 하지 않으면 40,000원을 더 획득할 수 있다. 상사에게 보고서를 올리면 영향력이 100점 상승하고, 동료의 문제를 해결해주면 매력이 50점 상승한다. 퇴근 후 새로운 고객을 유치하면 '사교성'이라는 새로운 기술을 습득하고, 일주일 동안 상사에게 아부하지 않으면 '바른 사원'이라는 갑옷을 획득하며, 팀원들에게 밥을 사주면 '친절왕'이라는 배지를 획득한다. 매일 잠들기 전에 자신의 능력이 얼마나 업그레이드되었는지 확인해본다. 상상만으로도 즐겁지 않은가?

농담으로 하는 말이 아니라 업무 중에 얻는 성취감을 즉각적으로 수치화하면 자신이 성장하는 정도를 제대로 느낄 수 있을 것이다. 게임은 허구지만, 게임원칙은 확실히 효과적이다.

그렇다면 게임은 어떻게 피드백을 설정할까?

(1) 큰 피드백을 작은 피드백으로 분할하라

게임 '펜타스톰'은 본 게임을 하기 전에 피드백을 먼저 받는다. 시작하기 전에 게이머는 클릭으로 아이템을 얻을 수 있다. 게임을 시작도 하기도 전에 빠른 피드백으로 이용자들 심리를 만족시켜준다. 게임에 들어가기 전부터 즐거움을 선물하고 승리에 대한 기대감을 증폭시켜 즐겁게 하는 것이다.

또한, 오늘의 경험치, 점수, 머니, 다이아몬드를 한꺼번에 받지 않도록 설정해두었다. 그 이유는 피드백을 최대한 많이 주기 위함이다. 큰 상금을 여러 개의 작은 상금으로 나누면, 결국 같은 금액이라도 매일 상금을 받는 것처럼 행복감을 느끼게 된다. 유저는 기꺼이 번거로움을 감수한다. 피드백은 세분화할수록 기대심리를 자극할 뿐 아니라 효율의 상승효과도 가져온다.

(2) 퀘스트 방식의 목표 피드백을 설정하라

끝판을 깨는 게 최종목표지만, 막상 최종목표를 달성하면 사람들은 허무함을 느낀다. 끝판을 깨기 위한 과정에서 주어지는 '퀘스트'가 진정한 게임의 즐거움이다. 게임 도중에 각종 퀘스트가 등장하고 유저들에게 피드백을 준다.

유저는 다음 등급으로 오르면 어떤 보상을 얻게 되는지, 다음날 접속하면 어떤 보상이 있는지를 알 수 있다. 일상생활에서도 퀘스트 방식을 적용할 수 있다. 다이어트를 하고 싶다면, 몇 단계로 목표를 설정하자. 첫 번째 목표를 달성하면 옷을 사고, 두 번째 목표를 달성하면 여행을 간다.

이런 방법을 적용하며 실행해보자. 스스로 정해도 되고 타인과 공유해도 된다. 한 단계를 완성했을 때 신나게 다음 단계로 출발하는 당신을 볼 수 있을 것이다.

(3) 피드백 겹치기

실시간으로 피드백을 주지만, 피드백은 어느 정도 쌓여야 보상이 주어진다. 몬스터를 죽일 때마다 바로 스킬이 업그레이드되는 게 아니라 몇 마리를 죽인 후에야 업그레이드가 된다. 만약 몬스터 한 마리를 죽일 때마다 "공격이 20점 올랐습니다!", "방어가 20점 올랐습니다!", "다음 레벨까지 300점 남았습니다!"라고 여러 개의 피드백을 겹쳐서 주면, 다음에 있을 큰 보상을 생각하며 더 열심히 할 원동력이 된다.

(4) 피드백이 없는 곳에 피드백 만들기

돈을 벌기 위해 일을 하는 것처럼 기존의 게임은 '레벨 업' 기능만 있어서 재미가 없었다. 요즘 게임들은 스토리가 있고, 스토리를 따라 끝판을 깨러 가는 도중에 몬스터를 죽이고, 레벨 업을 하도록 구성되어 있다. 지도를 보면서 마음대로 돌아다니기도 하고, 각종 가능성을 찾아다니고, 없는 게 없는 곳에서 어떤 성취 항목의 우승자가 되기도 한다.

게임 속에서 당신은 얼마의 거리를 달렸고, 몇 마리의 몬스터를 죽였는지 이런 이상한 성취는 우승컵으로 누적된다. 길을 가다 아무런 이유 없이 몬스터를 죽였는데, 시스템은 "현재 몬스터 97마리를 죽였고, 몬스터 100마리 클리어 레벨까지 3마리 남았습니다."라고 알려준다. 몬스터를 500마리 죽인 당신은 상위 1%의 유저가 된다. 이런 식으로 원래는 피드백이 없는 부분이지만 피드백을 만들어내서 유저가 한 행위에 의미를 부여하고 있다.

게임 피드백 4가지 원칙을 실제 생활에 접목시킨 것을 찾자면, 가장 대표적인 사례가 '걸음 수'다. 걷는 건 장기적으로 해야 효과를 볼 수 있는 매우 지루한 운동이다. 그래서 걷는 운동은 큰 피드백에 속한다. 오늘 내가 얼마나 걸었는지를 알려주는 스마트폰 앱을 이용하면, 걷는 운동이 수시로 성취를 얻을 수 있는 '작은 피드백'이 된다. 여기에 경쟁심리를 덧붙이면, 사람들은 움직이기 싫어도 순위에 이름을 올리기 위해 매일 30분이라도 더 걷는다. 어떤 사람들은 속임수를 써서 강아지의 몸에 스마트폰을 달고 대신 움직이게 만든다. 속임수를 쓰는 것조차도 게임과 똑같다.

장담하지만, 당신은 피드백이 당신을 조종한다는 것을 알면서도 그 매력에 빠지게 될 것이다.

지식조각블록 이 정도는 알고 다니자!

게임과 업무의 가장 큰 차이점은 즉각적인 피드백이다. '간단한 피드백'을 이용해 업무 속에서 게임을 하는 듯한 즐거움과 열정을 느껴보자.

멀티플레이어의
크로스 오버

"평소에 그렇게 많은 책을 읽으면서, 책을 쓸 시간이 있다니 믿을 수가 없어요."

우리 주변에 믿을 수 없을 만큼 신기한 사람들이 간혹 있다.

똑같이 24시간을 살아가는데 어떻게 그 많은 성과를 이루고, 많은 경험을 할 수 있는지 놀라울 따름이다. IQ가 높아서일까? 아니면 잠을 자지 않아서 가능했던 걸까? 다 같은 사람인데, 어떻게 살았기에 가능할까? 이런 궁금증이 생길 때마다 당신은 그들을 '기술바꾸기 달인'이라고 이해할 것이다.

사람마다 지능과 체력의 차이는 있지만, 그 차이가 극심하지는 않다. 다른 사람들 성과를 따라잡을 수 없다고 느낀다면 하루가 48시간이라도,

113

영원히 잠을 자지 않아도, 10년을 노력해도 당신은 그들을 따라잡을 수 없다. 성공한 사람들은 장르를 넘나들며 노력하고, 당신은 힘을 분산하고 있기 때문이다.

기술바꾸기의 가장 쉬운 예인 '독해능력'과 '작문능력'을 가지고 이야기를 해보자. 시간으로 봤을 때, 독해는 작문시간을 잡아먹고, 작문은 독해하는 시간을 잡아먹는다. 따로 계산해보면, 독해하는데 그렇게나 많은 시간을 사용했는데, 그렇게나 많은 걸작을 써냈다는 사실이 믿기 힘들 것이다.

그러나 겉보기에 그렇지 실제로 독해와 작문은 긴밀하게 연결되어 있다. 여러 가지 장르 책을 많이 읽으면, 자연스럽게 다양한 생각이 떠오르게 된다. 작문에 목적이 있으면, 능률적인 책 읽기가 가능해진다.

"책을 많이 읽으면, 붓을 대기만 해도 바로 문장이 된다." 이 말은 바로 다양한 책을 읽어 축적된 배경과 지식이 글로 써지는 것을 얘기한다. "문제를 안고 책을 읽는 게 가장 효율적이다." 이 말은 하나의 목적을 가지고 독서를 하면 가장 합리적인 방법으로 책읽기를 할 수 있다는 말이다. 읽기와 쓰기. 두 가지 일을 하는 것 같아도 실제로 상대방은 효율적인 방법으로 한 가지 일을 하고 있다. 순수하게 책만 읽거나 머리를 쥐어짜면서 글을 쓰는 것보다 훨씬 효과적이다.

사람들이 흔히 하는 오해 중에 할 줄 아는 것이 많으면 대단한 사람이라고 생각하는 것이다. '멀티플레이어'라는 말이 있다. 다양한 영역에서 일을 해봐서 직함이 다양한 사람을 말한다. 예를 들어 MBA 출신인 추천은 기자, 에디터, 디자이너 일을 해봤고, 회사를 창업했다. 창업자이면서 연예인으로 계약도 했다. '언변술사'라는 칭호를 얻으면서 지식으로 돈을 벌고 있다. 한 사람이 이렇게 많은 일을 하다니 정말 대단하지 않은가?

그러나 추천이 어떤 부분에서 대단한 걸까? 당신은 포인트를 잘못 짚었다.

반대의 예를 들어보자. 시골에서 구멍가게를 운영하는 아저씨가 있다. 아저씨는 가게를 관리하면서, 라디오 방송국에서 방송을 한다. 농약과 농기계 위탁 판매도 겸하고 있다. 급할 때는 마을 사람들에게 약도 지어준다. 이 아저씨가 바로 '멀티플레이어'가 아닐까?

다시 추천의 경우를 보자. 추천이 유전자배열 과학자, 사이클 선수, 바이올리니스트, 레스토랑 사장이라는 직업을 갖고 있다면, '멀티플레이어'가 아니라는 생각이 들 것이다.

단순하게 할 줄 아는 게 많은 것으로는 부족하고, 수준 높은 일을 하는 것과도 조금은 다르다. 멀티플레이어의 다양한 능력은 반드시 긴밀하게 연결되어야 하고, 메인 능력이 있고, 부차적인 것이 존재해야 하며, 서로 자극을 주는 관계여야 한다. 기술바꾸기의 전제조건이 바로 이것이다.

추천의 멀티플레이 포인트는 뛰어난 언어능력이고 여기에 그림그리기 기초가 있었다. 이 두 가지 기술은 추천의 타고난 재능이자 흥미이기 때문에 항상 머릿속에 생각하고 있다. 두 가지 기술을 이용해 장르를 뛰어넘으면서 다양한 일을 할 수 있었던 것이다.

토론가, 기자, 에디터, 디자이너, 예능인, '하오하오슈오화'와 '지식조각블록'의 멘토, 미궈미디어 총괄 등의 직함은 이 두 가지 능력의 조합이자 다른 표현이다.

마케팅에서는 이것을 '크로스오버'라고 부르는데, 다른 영역과의 협업에서 얻는 시너지 효과를 말한다. 다시 말해 전혀 동떨어진 업계의 두 회사가 특별한 관계를 맺고 협업하는 것과 마찬가지다. 예를 들어 SUV 제조사와 생수 브랜드가 협업하면서, 생수병 위에 자동차 광고를 인쇄했다. SUV는 장거리 여행이나 레저용으로 주로 사용되기 때문에 차에 생수병 상자를 항상 갖추고 있다. 그러니 이 두 회사의 협업은 예상외 조합이 아니라 당연한 것이 아닐까?

또 다른 예로 택시 예약업체인 우버Uber는 구인·구직 서비스와 SNS 기능을 합친 링크드인Linkedin과 협업 관계를 맺고, 2015년 '원클릭 사장님 호출'이라는 이벤트를 열었다. 16개 기업 고위 관리자가 우버 택시를 타고 중국의 칭화대학 주변을 돌았고, 학생들은 우버 택시를 잡아서 약 15분 동안 1:1 면접을 진행했다. 원래는 기업이 대학 강의실을 찾아가서 강연했다면, 지금은 기업 관리자들이 대학 내에 있고, 당신은 언제든지 그들과 대화를 나눌 수 있다. 신기하고 놀랍지 않은가?

이처럼 무관해 보이는 일을 같은 목표 아래 서로 이익을 주는 자원으로 바꿀 수 있다. 이렇게 되면 남들이 한 번에 한 가지 일을 할 때, 당신은 한 번에 여러 가지 일을 할 것이고, 효율은 훨씬 더 높아질 것이다.

이번에는 한 개인으로 이야기해보자. 예를 들어 능력은 한 그루의 나무이고, 나뭇잎은 전공 기술이라고 상상해보자. 회계사가 나무라면 나뭇잎은 재무, 기업회계, 경제 분야의 지식이라 하겠다. 그러나 여기서 우리가 집중해야 할 것은 가시적으로는 보이지 않는 땅 밑의 뿌리다. 나무와 나뭇잎의 생존을 책임지고 나무를 지탱해주는 중심부이다. 바로 크로스

오버를 실행하는 핵심기능을 담당하고 있다.

회계사의 본업은 매출 통계 분석이므로 매일 수많은 기업을 상대한다. 자료를 수집하는 능력, 발표하는 데 필요한 언어능력, 문제를 분석하는 능력, 의사소통 능력, 빠르게 대책을 마련하는 임기응변 능력이 필요하다. 여기서 바꿀 수 있는 능력은 어떤 것이 있을까?

자기 본업을 토대로 이 사람은 진로 계획을 세우는 능력이 상당히 뛰어날 것이다. 보통의 사람들은 자신이 현장에서 보고 경험했던 자료를 기본으로 어떤 업계는 어떻고, 그 회사는 다닐 가치가 있다는 걸 말하지만, 이 사람은 조금 더 높은 곳에 서 전문화된 시야로 멀리 앞을 내다보기 때문에 전체 업계가 어떤지, 각 회사의 장단점을 수치화하고 비교해서 말해줄 수 있다.

그러니 '매출 통계 분석가'와 '진로 설계사'는 별개의 직업처럼 보이지만, 매출 통계 분석의 핵심능력을 이용하면 자연스럽게 진로 설계도 할 수 있다. 영역을 뛰어넘는 멀티플레이어가 되고 싶다면, 자신의 바꿀 수 있는 능력을 분석한 다음, 이를 중심으로 적합한 크로스오버 방향을 찾으면 된다.

기존에 지닌 능력이 그렇게 뛰어나지도 않은데, 어떻게 좋은 방향으로 나가겠냐고 생각할 수도 있다. 그건 지나친 겸손이다. 사람이 가지고 있고 바꿀 수 있는 능력은 자신이 상상하는 것보다 훨씬 많다. 하나씩 하나씩 크로스오버해보라. 당신이 미처 생각지 못한 능력이 보인다. 바로 이때가 자신의 핵심기술을 펼쳐야할 기회다.

선종禪宗에서는 이해력이 있으면, 따로 도를 닦지 않아도 물을 지고, 장작을 패고, 먹고 자면서 일상생활을 한다고 했다. 이해력이 없으면, 아무리 참선을 해도 마음이 딴 곳에 있기 때문에 노력해도 성과가 없다고 말한다.

바쁜 틈 사이에서 침착하게 생각해보자. 우리의 핵심능력은 어떤 것이 있고, 능력들은 서로 어떤 관계가 있는지. 어떻게 운용을 해야 서로 시너지 효과를 높이고, 멀티플레이어가 될 수 있는지 말이다.

지식조각블록 이 정도는 알고 다니자!

기술바꾸기는 자신의 핵심기술을 찾고, 그 기술로 응용 영역을 넓히는 것을 말한다. 크로스오버로 협력하면 당신의 능력을 기하급수적으로 늘릴 수 있다.

매출액만 보는 건,
짚어도 한참 잘못 짚은 것!

"통계자료는 신뢰할 수 있어."

많은 사람이 데이터는 감정, 태도처럼 수치화할 수 없는 주관적인 것들과 달리 객관적이고 확실한 것이므로, 통계만이 가장 진실한 행위라고 생각한다. 만약 당신도 '데이터를 가지고 이야기하는 것'이 당연하고 명확한 자료라고 이를 받아들였다면, '태도 데이터 간과'라는 오해가 당신을 기다린다.

사람을 판단할 때는 말뿐만 아니라 행동이 말과 일치하는지 잘 살펴봐야 한다는 말이 있듯, 입으로 하는 말보다 실제로 어떻게 행동하느냐가 더 중요하다. 심리학에서는 이를 '행동주의'라고 부른다. 행동주의에서 가장 극단적인 관점은 당신이 아프다고 말해도 아무런 의미가 없다. 아

프다는 것은 객관적이지 않으며, 얼마나 크게 소리치는지 반드시 수치화

돼야 연구할 가치가 생긴다.

모두 데이터와 통계에 대한 오해다. 한 사람의 행동을 이해한다고 해

서 그 사람의 동기를 이해하는 것은 아니지만, 한 사람의 태도를 이해하

면 그 사람의 다음 행동도 예측할 수 있다. 태도 데이터는 연구할 가치가

있다. 사실, 마케팅에서는 태도 데이터로 사람의 행동을 이해하곤 한다.

한 화장품 브랜드가 립스틱 론칭 광고를 준비했다. 고객의 니즈를 맞

추기 위해 설문조사를 시행해서 고객들의 구매습관을 수집했다. 지난 1

년 동안 5만 명이 넘는 고객들이 인터넷 홈페이지에서 10개 이상의 립스

틱을 구매했다. 이 데이터를 본 당신은 당연히 5만 명 고객을 중요한 고

객으로 생각할 것이다. 작년에 이렇게 많이 구매했으니 향후 1년간 계속

해서 구매할 것이기 때문이다. 만약에 광고를 위해 단체 문자를 보내고,

쿠폰 등을 보내야 한다면 5만 명을 대상으로 보내야 할 것이다.

그러나 설문조사 결과는 단순히 행동 데이터일 뿐이다. 다시 말해 이

결과는 소비자가 언제, 어디서, 립스틱을 얼마나 구매했느냐가 반영되었

다. 소비자가 립스틱을 구매한 동기와 어떤 태도로 구매를 했는지 같은

중요한 문제는 알 수가 없다. 결과는 알지만, 원인을 모르고 경솔하게 광

고를 내보내는 것은 상당한 모험이다.

그래서 직원 중 한 사람이 소비자들의 태도 데이터, 즉 소비자들이 왜

당사의 립스틱을 구매하는지 분명히 알기 위한 새로운 설문지를 만들자

고 했다. 놀랍게도 전혀 다른 세 가지의 유형으로 당사 립스틱 소비자가

나뉘었다.

첫 번째 유형은 당사 상품이 고급 브랜드 중에서 가격이 저렴하기 때문이었다. 해당 유형 사람들의 진심은 "이 상품이 완전히 마음에 드는 건 아니지만, 저렴하잖아? 그러니까 사는 거야."였다. 고급 브랜드인데, 사람들에게 상품도 좋고, 가격까지 싼 브랜드로 인식되고 있었다. 만약에 첫 번째 유형의 소비자들에게 계속해서 쿠폰 증정과 같은 방식으로 이벤트를 진행한다면, 그다지 고급스럽지 않은 브랜드라는 이미지를 갖게 될 것이다. 지금은 고급 브랜드 중에서 가장 저렴하다고 인식되지만, 후에는 중급 정도에서 가장 비싼 브랜드로 전락할 수도 있다.

두 번째 유형은 팬심이다. 이 유형의 소비자들은 브랜드가 아닌 광고 모델의 팬이다. 이 유형 사람들의 진심은 "다른 건 비싸서 살 수 없지만, 립스틱 정도는 살 수 있어!"다. 지금은 팬 마케팅 시대라고 해도 과언이 아닐 정도로 해당 유형 소비자 비율이 상당히 높다. 그러나 이들은 브랜드 충성 고객이 아니고, 구매력도 크지 않다. 순수하게 광고모델인 연예인을 좋아한다는 이유로 브랜드에 어느 정도 힘을 실어주는 것뿐이다. 그러니 이들을 대상으로 어떤 이벤트를 진행한다고 해도 큰 효과를 얻지 못할 것이다. 더 나아가 거액을 들여 인기 연예인을 광고모델로 섭외하는 게 좋은 방법인지를 고민하게 만든다. 고객은 많아졌지만, 해당 고객들이 진정으로 브랜드를 사랑하게 할지는 불확실하다. 이들을 브랜드 충성 고객으로 만들지 못한다면, 광고모델 정책은 실패다. 이것이 '태도 데이터'의 또 다른 발견이다.

마지막 세 번째 유형은 브랜드를 보고 구매하는 사람들이다. 브랜드 충성 고객이고, 태도에서 행동까지 전부 브랜드를 지지한다. 만약에 이벤트를 진행한다면, 해당 유형 고객들에게 하는 게 가장 적합하다. 브랜드 가치를 떨어뜨리지 않으면서 효과를 볼 수 있기 때문이다.

이 사례는 똑같은 행동이라도 뒤에 숨어 있는 동기와 태도는 전혀 다를 수 있다는 걸 보여준다. 아무리 많은 자료를 수집한다고 해도, 태도를 분석하지 않으면 상황을 제대로 파악할 수 없다. 그래서 어떤 이들은 태도 데이터야말로 마케팅 판단을 도와주는 숨어 있는 손길이라고 말한다.

1980년대 초, 코카콜라의 판매량이 점점 줄었다. 온갖 마케팅 수단을 다 써 봐도 소용없었다. 그러다가 맛이 문제일지도 모른다는 결론에 이르렀다. 소비자들이 기존 콜라 맛을 좋아하지 않는 게 아닐까? 맛을 바꿔야 할까? 그래서 거액을 들여 과학적인 블라인드 테스트를 진행했다. 예상했던 대로 소비자들은 새로운 콜라 맛을 더 선호했다. 기존의 맛을 넘어, 경쟁사인 펩시콜라보다도 훨씬 더 만족감을 표시했다. 과학적인 데이터에 근거해서 코카콜라는 다시 의욕을 불태웠다.

1985년 초, 코카콜라 100주년을 기념해 뉴코크New Coke를 출시했다. 처음에는 매우 성공적이었다. 1억 5천 명이 넘는 사람들이 뉴코크를 마셨다. 이전에 있던 기록을 깬 셈이다.

그러나 늘어난 매출액에 비해 많은 사람이 상당한 불만을 표출했다. 약 3개월 동안 회사로 매일 1천여 건이 넘는 불만 전화가 걸려왔다. 코카콜라의 맛을 바꾸는 건 아메리칸 드림을 깨뜨리는 것이며, 국기를 불태우는 것보다 더 수치스럽다고 말했다. 미국 소비자들에게 코카콜라는 상표를 넘어선 추억이었다. 맛이 좋고 나쁘고는 그다음 문제였다. 블라인드 테스트를 통해 소비자들이 새로운 콜라 맛을 더 선호한다는 게 밝혀

졌지만, 블라인드 테스트의 숨어 있는 태도와 인지의 차이가 충돌했다면 소비자들은 애초에 타협하지 않았을 것이다.

태도와 행위의 불일치는 일상생활에서도 흔히 볼 수 있다. 똑같이 요리하는 것을 좋아하지만, 어떤 이들은 책임감으로 하고, 어떤 이들은 취미로 한다. 두 유형의 사람들에게 주방도구를 마케팅한다면, 완전히 다른 전략을 펼쳐야 한다. 전자는 효율과 가성비를 강조해야 하고, 후자는 새로운 경험을 강조해야 한다. 만약 요리 횟수와 시간만을 따지는 행동 데이터만을 보고, 숨어 있는 진짜 동기인 태도 데이터를 보지 않으면 당신은 아주 많은 오해를 안고 세상을 살아가고 있다는 것의 반증이다.

행동은 쉽게 관찰할 수 있지만 태도는 숨어 있기 때문에 눈에 잘 띄지 않는다. 그러나 태도와 행동이 불일치할 수도 있다는 점을 의식한다면 태도 데이터를 수집할 방법은 있다.

태도 데이터를 수집한다는 생각에서 출발해보자. 행동의 특징을 관찰하는 것 외에 행동 뒤에 숨어 있는 가치관을 분석하고, 밝혀내야 한다. 기존의 데이터형 사고에서 간과했던 변수가 나타날수록 진지하게 고려해야 하는 가치가 있다.

부모님으로 예를 들어보겠다. 부모님의 행동 하나하나를 다 알 정도로 가까이 살고 있다고 해도, 속으로 어떤 생각을 하는지는 알 수 없다. 은퇴 후, 퇴직금이 넉넉함에도 불구하고 물건을 구매할 때 돈을 아끼는 어른들이 있다. 이를 변수라고 한다. 원인은 제각각이다. 어떤 사람은 어릴 때 가난했기 때문에 함부로 돈을 쓰지 못하고, 어떤 사람은 저렴한 물건만을 쓰다 보니 어떻게 생활의 품격을 높이는지 모르고 있다. 또 어떤 사람은 돈을 절약하면 성취감이 생기고, 퇴직 후 별다른 성취감을 못 느끼기 때문에 돈을 절약했다. 겉으로 보기엔 "돈은 있지만, 함부로 못 쓴다."라는 같은 현상이지만, 분석해보면 원인에는 차이가 있었다. 이게 바로 당신이 이해해야 하는 태도 데이터다.

심리적 동기에 따라 해결방안의 중점도 완전히 달라진다. 어떤 이들에게는 명확한 재무계획을 제공해야 하고, 어떤 이들에게는 풍부한 노후생활이 필요하다. 또 어떤 이들에게는 더 나은 선택지를 내놓아야 하고, 어떤 이들에게는 감정적인 위안을 주어야 한다. 이 모든 전제조건은 숨어 있는 태도 데이터를 분석해야 알 수 있다. 그렇지 않으면, 노인들에게 전혀 도움이 되지 않는 "돈 쓰는 걸 아까워하지 마세요."라는 답을 내놓을 것이다.

평범한 사람은 행동만을 살피고, 똑똑한 사람은 행동의 동기를 살핀다. 행동의 동기를 이해하면, 다음에 있을 행동을 예측할 수 있다. 당신에게 믿음을 주는 데이터의 폭을 확장시켜라. 태도 데이터를 간과해서는 안 된다.

지식조각블록 이 정도는 알고 다니자!

같은 행동이지만, 전혀 다른 행동의 동기가 있을 수 있다. 사람의 행동을 정확하게 예측하려면, 태도 데이터를 수집하는 데 신경 써야 한다. "사실이 그렇다."라고 밝히기 전에, "이럴 가능성도 있어."라는 생각을 많이 하자.

왜 실패한 사람에게서
배워야 할까?

성공한 사람들에게 듣는 열 마디 성공담 보다, 실패한 사람에게 듣는 한 마디 조언이 더 가치가 있다. '실패는 성공의 어머니'라는 말은 이번 실패를 거울삼아 다음에는 실패를 하지 않기 위함이 아닌가? 실패는 성공보다 더 보편적인 의미가 있다. 가장 신뢰할 만한 성공방법은 실패를 피하는 것이기 때문이다.

우리가 실패를 배워야하는 이유는 다음과 같다.

첫째, 성공에는 정해진 지름길이 없다. 지름길이 있다면, 성공의 희소성이 사라지기 때문이다.

시중에 나와 있는 성공법에 관한 책을 살펴보자. 앞뒤가 맞지 않는 게 많을 것이다. 자신에게 혹독해야 한다는 사람도 있고, 자신을 그대로 받아들이라고 말하는 사람도 있다. 반대로 실행해보라는 사람이 있고, 넘어진 김에 쉬어가라는 사람도 있다. 상황에 따라 대처하라는 사람도 있고, 과감하게 투자하라는 사람도 있다. 이때는 이렇게, 저때는 저렇게 시키는 대로만 하면 마치 워런 버핏Warren Buffett이나 스티브 잡스Steve Jobs의 성공 노하우을 전수받은 것처럼 고개를 끄덕인다. 누구 말을 들어야 옳은지 판단이 안 설 정도로 스승이 많으니, 지름길을 찾는다는 것도 말이 안 된다.

반대로 생각해보면, 성공법은 각자 다르지만 평생 옳은 결정만 내리고 벼락출세한 사람은 없다. 그들은 시대의 큰 흐름 속에서 정확한 선택을 했고, 주변의 실패자들을 가려낸 뒤 마침내 인생의 황금기를 맞이한 것이다. 그러므로 수많은 선택지 중에서 성공으로 가는 열쇠가 어느 것인지 찾아내는 것보다 실패한 사람들은 어떤 잘못된 선택을 했는지를 연구해보는 게 오히려 더 낫다.

둘째, 성공은 복잡한 요소들이 동시에 작용한 결과지만, 실패는 하나의 부결표이다.

"행복한 가정은 다들 비슷한데, 불행한 가정은 저마다 이유가 있다."라는 말이 있다. 한 가정은 파산, 불륜, 가치관 차이, 자녀의 탈선 등 주변에서 흔히 찾아볼 수 있는 다양한 이유 중의 하나만으로도 충분히 불행하다. 그러나 행복은 행복하기 위한 다양한 이유 중에 하나라도 빠져서는 안 된다. 그러므로 불행한 가정은 병원에 있는 다양한 병명처럼 각자 다른 모습을 하고 있지만, 행복한 가정은 건강한 사람과 비슷한 모습을 하고 있다. 성공은 복잡한 요소들이 동시에 작용한 결과지만 실패는 단순하고 직접적이다. 이런 식으로 따져보면, 불행한 사람에게서 실수를 범하지 않을 방법을 배우는 게 성공으로 갈 수 있는 지름길이다.

셋째, 성공 사례는 '생존자 편차'가 존재할 수 있다는 것이다. 이는 성공학의 가장 근본적인 결함이다.

한 고급 네일숍이 온라인으로 홍보하고 오프라인으로 고객을 유치하는 O2O 서비스를 도입하려고 했다. 목표 대상을 설정한 다음, 어디에 광고해야 효과적일지 살펴보기로 계획하고 먼저 기존 고객들을 대상으로 조사를 시작했다. 가게를 찾아오는 고객들에게 설문지를 주거나 공식계정을 팔로우하고 있는 고객들에게 설문조사에 참여하도록 했다. 조사 결과, 네일숍의 주요 고객은 30대 여성들이었다. 이 결론은 매우 합리적으로 보였다. 광고를 내보내려고 하는데, 한 전문가가 설문조사를 한 번 더 진행하자고 말했다. 해당 네일숍과 관련 있는 사람이 아닌 무작위로 사람을 뽑아 설문지를 보내자고 했다. 결과는 완전히 달라졌다. 전문가는 네일숍의 홍보를 광고 마케팅이나 엔터테인먼트 계열에 종사하고, 어느 정도 수입이 높은 35세 정도의 남성들을 타깃으로 해야 한다고 제안했다.

네일숍 사장으로선 납득하기 어려운 결과였다. 네일숍 손님 중에 전문가가 언급한 부류의 사람들은 10%도 되지 않았기 때문이다.

전문가는 이 현상을 '생존자 편차'의 전형적인 사례라고 덧붙였다. 광고 마케팅이나 엔터테인먼트 계열에 종사하는 남성들은 업무 특성이나 개인 취향으로 외모 관리를 중요하게 생각한다. 그들은 네일 관리의 중요성을 인지하고 있고 소비력 또한 갖추고 있지만, 다른 사람들 시선 때문에 네일숍을 찾아가서 서비스받지 못하고 있었다. 온라인 예약이 이뤄지는 O2O 서비스야말로 그들이 원하는 것이라는 설명을 덧붙였다.

반신반의하며 전문가 결과를 받아들인 네일숍 사장은 문전성시를 이루는 고객을 보며 흡족한 결과에 만족했다.

그렇다면 이것과 '생존자'는 무슨 관련이 있을까? 당신이 본 사실은 모두 선별된 것이다. 당신의 관찰 범위에 들어온 모든 현상이 치열한 전투 끝에 살아남은 '생존자'라고 가정해보자. 부실공사, 선량한 사람을 이용한 사기 등 신문의 사회면에 있는 기사를 볼 때마다 인심이 예전 같지 않고, 세상이 점점 삭막해지고 있다고 생각할 것이다.

휴대전화를 내려놓고 생각해보자. 이런 기사가 당신의 눈에 들어왔다는 것 자체가 특별하기 때문이 아닐까? 개가 사람을 물었다는 건 기사가 아니지만, 사람이 개를 물면 기사가 된다. 세상의 수많은 사건이 볼거리가 아니라는 이유로 폐기된다. 당신이 보고 있는 사건 자체는 당신이 '생존자'라는 사실을 증명하는 것이다. 그것이 아니라면 대체 무엇이란 말인가?

자주 언급되는 성공한 인사는 하나같이 운 좋은 '생존자'들이다. 그들 뒤에 숨어 있는 '희생자'들을 분석하지 않으면, 그들이 어떻게 성공했는지 알 방법이 없다. 공중전에서 비행기의 어느 한 부분을 공격당할 확률은 비슷하다. 그러므로 어느 비행기가 총알을 가장 많이 맞고, 어느 비행기가 총알을 가장 적게 받았느냐가 아니라 비행기의 어느 부분을 맞는게 치명적인지를 알아야 한다. 치명적인 부분에 공격을 많이 받은 비행기가 기지로 돌아올 가능성이 적기 때문이다.

진정으로 성공한 인사들은 이런 사고방식에 매우 익숙하다. 대만의 유명 사회자 차오치타이[曹启泰]는 시장의 큰 기복을 겪은 사람이다. 30세 전에 방송국, 호텔, 웨딩숍 등 수많은 사업에 투자했고, 창업 실패로 많은 빚을 졌지만 금방 재기했다. 그래서 많은 사람이 그를 찾아가 도움을 구했다.

"그렇게 실패하고도 다시 성공하다니, 어떤 비결이 있나요?"

차오치타이는 대답했다.

"나는 유흥과 도박을 멀리하고, 부부가 화목하고, 연예계에서 현명하기로 유명한 사람입니다. 나 같은 사람도 실패했습니다. 왜 그런지 궁금하지 않으세요?"

그는 책을 출간했고 거기에 그가 어떻게 성공했느냐가 아니라, 자신이 어떻게 모든 돈을 잃었는지에 대한 이야기를 솔직하게 적어냈다. 아마도 성공하는 방법을 알려주는 책들 중에서 가장 진실한 마음이 담긴 책이 아닐까 생각한다.

지식조각블록 이 정도는 알고 다니자!

성공하려면, 실패하는 사람들에게서 배워야 한다. 성공한 사람들의 이야기는 대부분 생존자 편차에서 오는 것들이다. 실패한 사람의 경험은 가장 보편적이며, 함정에 빠지는 방법을 피하고, 자연스럽게 성공의 길로 이끈다.

최고의 낭비는
시간절약일까?

효율을 이야기하면 가장 먼저 등장하는 주제는 '시간절약'이다.

매우 중요한 만큼 시간관리에 있어서 우리는 언제나 딜레마에 빠진다. 일정을 빼곡하게 채우고 쉬는 시간, 식사 시간, 취침 시간을 최소한으로 줄이면 정말 시간을 아낄 수 있을까? 시간을 아끼면, 반드시 업무성과를 올리는 결과로 이어질까? 시간을 아끼기 위해 체력을 소모하는 것과 효율을 높이는 것은 별개의 일이 아닌가?

조금 낯설 수 있는 '시간의 통찰력'이라는 개념을 설명해보겠다.

시간관리학자 로라 벤더캄Laura Vanderkam은 많은 사람이 업무에 대한 통찰력은 있지만, 시간에 대한 통찰력은 없다고 지적했다. 즉, 많은 사람이 시간은 순차적이고 고정적인 존재라서 바꿀 수 있는 건 업무효율뿐이라고 생각한다.

이런 논리라면 당신은 시간에 묶여서 그저 순서대로 하나하나 일을 처리하게 된다. 예를 들어 책을 읽을 때 표지, 들어가는 말, 본문의 순서대로 처음부터 끝까지 읽어 나간다. 재미없는 내용이더라도 꾸역꾸역 억지로라도 읽는다. 읽는 속도만 달라질 뿐 읽는 순서에는 변화가 없다.

그런데 다른 방법으로 책을 읽는 사람도 있다. 그들은 작가가 정해놓은 사고대로 책을 읽지 않고 자신의 문제를 중심에 두고 책을 펴기 때문에, 해결책이 필요한 부분만 읽고, 관련 없는 내용은 넘어간다. 똑같은 문제라도 작가 머리에서 나온 것이 아닌 직접 수집한 다양한 지식으로 하나의 지식 체계를 완성해 나간다. 그들에게 시간은 일방적이지 않고 탄력적인 존재다. 한 시간에 다양한 일을 처리할 수 있고, 시간을 여러 개로 쪼개서 한 가지 일을 처리할 수도 있다.

더 나아가 벤더캄은 시간을 아낀다고 우리가 원하는 삶을 살 수 있는 게 아니기 때문에 일의 우선순위를 정한 다음 시간을 자신에게 맞춰야 한다고 말했다. 시간은 분배하는 데 이용하는 것이지 절약하는 게 아니다. 시간만 제대로 분배하면 노력하지 않아도 자연스럽게 시간이 아껴진다. 차이가 무엇일까?

그렇다면 시간을 절약하고 업무를 줄이기 위해서는 어떻게 해야 할까? 중요한 업무를 우선순위로 배치하고, 그다지 중요하지 않은 업무는 뒤로 배치하거나 취소하면 자연스럽게 시간이 생기고, 업무효율도 높아진다. 간단한 예를 들어보자. "이번 주에 매일 한 시간씩 시간을 내서 운동할 수 있어?"라고 물으면, 아마 당신은 "일정이 너무 빡빡해서 운동할 시간이 없어."라고 대답할 것이다. 한 시간이라는 시간을 내는 건 시간절약과 연관된다. 운동을 안 하면 매일 한 시간씩 벌 수 있다고 믿기 때문이다.

하지만 당신의 윗집에 물이 새서 집이 엉망이 됐다면 해결하는 데 7시간으로도 부족하지 않을까? 우선순위가 가장 높은 일이니 당신은 무조건 시간을 내야 한다. 오늘은 중요한 물건을 정리하고, 내일은 전화로 수리공을 불러야 하며, 모레는 물에 젖은 큰 물건들을 처리하고, 그 다음날은 새로운 가구를 사는 등 집을 새로 꾸며야 한다. 문제는 시간이 아니라 일 처리의 이해에 있다.

다시 말해 바쁘다는 이유로 어떤 일을 거절했다면, 시간이 없어서가 아니라 해당 일이 현재 진행 중인 일보다 덜 중요하기 때문이다. 시간은 도구일 뿐 목적이 아니다. 일의 우선순위를 매기는 것을 시간관리의 핵심으로 삼아야 한다. 당신은 수시로 업무 중요도를 평가하고 거기에 맞게 즉각적으로 시간을 조정해야 한다. 그래야 효율적으로 시간을 운용할 수 있다.

한 경제부 기자가 기업가들을 인터뷰했다. 기자는 돈이 많은 사람은 매우 바쁘기 때문에 시간절약의 달인일 거라고 생각했다. 그는 인터뷰를 진행하면서 기업가들의 공통적인 특징을 발견했다. 그들은 시간을 아끼려고 노력하지 않았지만, 시간을 완전하게 통제하고 있었다. 어떤 일을 빠르게 처리하려고 노력하지 않아도 시간에 대한 통찰력을 갖고, 자신의 업무속도를 조정하고 있어서 자연스럽게 업무효율이 높아졌다. 그중 한 사람은 바쁘냐는 기자의 질문에 "바쁘지 않아요. 골프를 치고 싶을 때는 골프를 치고, 수다를 떨고 싶을 때는 수다를 떱니다."라고 대답했다. 기자가 "그런데 어떻게 하루를 삼 일처럼 사용하나요?"라고 다시 묻자, 그는 "내게 주어진 시간은 똑같이 24시간입니다. 그러나 확실한 목표를 가지고 일을 하고 시간을 사용합니다. 목표에 이르면 계속 나아가고, 목표에 이르지 못하면 과감하게 버립니다."라고 대답했다.

자신을 되돌아보자. 보고 있던 영화가 재미없는데 당신은 끝까지 볼 것인가? 파티에 참석했는데 분위기가 별로라면 그 자리에서 핑계를 대고 빠져나올 것인가? 인맥을 넓히는 데 별로 도움이 되지 않는 사교모임에 초대받았는데 처음부터 강하게 거절할 수 있을까? 우리가 흔히 저지르는 시간낭비의 사례들을 잘 살펴보면, 이처럼 목적이 불명확하여 일의 우선순위를 파악하지 못하고, 결단력 있게 행동하지 못하는 경우가 많다.

사용한 시간을 의식하는 것, 다시 말해 시간의 통찰력을 가지면 어떤 일을 해도 시간낭비가 아니다. 반대로 모든 수단과 방법을 동원해 대량의 시간을 아꼈다고 해도, 아낀 시간만큼 의미 없는 일에 계속 낭비하고 있다. 진행할 건 진행하고, 미룰 건 미루고, 거절할 건 거절해서 중요하지 않은 일은 아예 하지 않거나 뒤로 미뤄서 진행하자. 이런 명쾌한 태도를 보여야 시간을 충분히 사용할 수 있다.

지 식 조 각 블 록 이 정도는 알고 다니자!

효율을 높이려면 일을 줄이는 게 낫다. 정확한 순서로 일의 우선순위를 정하고, 수시로 자신이 처리 중인 일의 목적, 효과, 중요도를 평가하자. 우물쭈물하지 않는 확실한 태도가 효율이 높은 사람이 되는 포인트다.

게으름뱅이가 행복하게 사는 것을 보았는가!
노력의 결과로써 오는 어떤 성과의 기쁨 없이는
누구도 참된 행복을 누릴 수 없기 때문이다.

- 블레이크

4장

투명인간이
되지 말자

상대방에게 영향력을 발휘하는 법

바야흐로 지금은 1인 미디어 시대다. 발달된 IT기기와 더불어 유저들의 열린 무대가 된 앱이나 메신저, 인터넷 공간 등에서는 언제든 어디서든 당신의 참여를 기다리고 있다. 더불어 자기 의견을 주장하는 사람이 많아졌고, 자기 과시가 자연스럽게 이뤄진다. 사진으로, 동영상으로 아니면 글로 때와 장소를 불문하고 자기를 들어내고 있다. 그에 반해 투명인간 취급을 받는 사람도 많아졌다.

투명인간이란 SNS에서 팔로워가 거의 없고, 게재한 글을 공유하는 사람도 없고, 상태 업데이트를 해도 '좋아요'를 누르는 사람이 없는 사람을 말한다. 이렇게 네트워크 세상은 계급으로 가득 찬 궁궐로 변했다.

현실에서도 마찬가지로 업무보고서를 제출하면 요지가 없다고 상사에게 비난받고, 부모님과 대화를 하면 평생 막무가내인 어린아이로 취급당하고, 누군가와 다투면 항상 먼저 잘못을 인정하는 쪽은 당신이다. 투명인간의 삶은 평생 남에게 설득당하기만 하고, 누군가를 설득하지는 못한다. 대화기술이 부족해서가 아니라 당신의 영향력이 상대방에게 미치지 못하는 게 원인이다.

영향력은 설득과 호소로 나타난다. 설득력이 있는 사람은 이치와 근거로 상대방을 이끌어 자신과 비슷한 생각을 하게 만든다. 호소력이 있는 사람은 감정적으로 상대방을 부추겨서 자기 제안에 호응하게 만든다. 만약 당신이 본능적으로 "그 사람은 매력이 있는 사람이다."라고 느끼고 있다면 상대방은 보이지 않는 방식으로 자신의 관점을 당신이 받아들이도록 심리적 거리를 당기고 있는 것이다. 상대방이 어떠한 방식으로 당신에게 영향을 미치는지 그 영향력을 꿰뚫어보자.

영향력을 주는 방식은 다양하다. 가장 직접적이면서 가장 흔한 방법은 눈앞에 두는 것이다. 우리에게 가장 많은 영향력을 발휘하는 '그것'에 대해 얘기하려 한다.

"'그것'은 공짜가 아니지만, 당신이 보지 않을까 봐 각종 매개체를 교대로 사용해서 당신을 공격한다. 길을 걷든, 고속도로를 달리든, 휴대전화를 보든, 텔레비전을 보든, 지하철에 타든, 엘리베이터를 기다리든 관계없이 우리는 시시각각 '그것'과의 접촉을 피할 수 없다. 대부분 듣고, 보면서 '그것'의 영향력을 느끼지만, 어떻게 영향을 미치는지 진지하게 생각해본 적이 없으며 더 나아가 '그것'과 같은 규칙을 이용해서 자신의 영향력을 만들 수 있을지 생각하지 않기 때문에 어찌 보면 상당한 낭비다. 자, '그것'은 무엇인가?"

당신은 이미 눈치 챘을 것이다. '그것'은 바로 '광고'다. 우리가 어디를 가나 볼 수 있고, 시선만 돌려도 맞닥뜨린다. 사람들의 눈길이 닿는 곳에는 어디나 상업광고가 있다. 2016년, 다국적 기업들이 '영향력 있는 소비자'를 위해 지출한 광고비는 총 5,421억 달러였다. 이렇게 거대한 광고산업은 전 세계에서 가장 똑똑하고, 전문적인 두뇌들을 모아 수많은 전설적인 사례와 효과적인 규칙을 만들어냈다. 그리고 현재진행형이다.

정보가 넘쳐나고, 사람 사이의 영향력이 점점 희소화되어가는 시대에 투명인간이 되지 않고, 다른 사람들이 당신 목소리를 듣고, 당신 모습을 기억하고, 당신 의견에 동의하게 하고 싶다면 이 시대에 가장 강력하고 큰 아웃풋 영향력을 지닌 산업으로 배우면 된다. 원하든, 원하지 않든 광고는 당신에게 영향을 주고 있다. 그렇다면 광고를 배워서 자신의 영향력을 과감하게 확립하는 것이 좋다.

상품을 팔지 말고
문제를 팔아라

광고의 주제가 무엇이냐고 묻는다면, 당신은 한 치의 망설임 없이 상품이라고 말할 것이다. 맞는 말이긴 하다. 광고의 최종목표는 상품판매이기 때문에 광고에서는 상품을 가장 눈에 띄는 곳에 두고 있다. 소비자를 현혹시키기 위해 포장디자인에서부터 포장지의 재질, 포장지의 글씨체, 상품 디자인 등 상품이 생산되는 단계에서부터 진열되고 판매되는 순간까지 상품 그 자체도 광고가 된다. 구매자에 의해 선택되는 순간 비로소 목적을 달성하는 것이므로 광고를 멈출 수 없는 것이다. 하나부터 열까지 상업광고는 상품을 팔기 위한 수단이라는 확신을 주는 움직임으로 보면 된다.

그렇지만 가장 뛰어난 광고는 상품을 판매하는 것이 아닌 문제를 파는 것임을 알아야 한다. 그럼 문제를 판다는 건 무슨 말일까?

햄버거를 예로 들어보자. 햄버거는 상품이고, 배가 고픈 것이 문제다. 광고에서 햄버거가 얼마나 맛있고, 속에 들어있는 재료가 얼마나 건강에 좋은지만 강조한다면 사람들은 세상물정 모른다며 비웃을 것이다. 세상에 맛있는 음식이 얼마나 많은데 햄버거 따위가 뭐라고 이렇게 광고를 하느냐고 말이다. 배고픔이나 식욕이라는 문제에 대해 이러쿵저러쿵 평을 하면 무의식중에 햄버거가 먹고 싶어질 것이다. 잘 생각해보자. 당신은 보통 배가 고파서 햄버거를 먹으러 가지 않는가? 갑자기 햄버거가 생각이 나서 먹으러 간 적이 몇 번이나 있는가? 이처럼 상품에서 욕망으로 이어지는 건 어렵지만, 욕망에서 상품으로 이어지는 건 쉽다.

어떤 사람에게 자가용은 교통수단이지만, 어떤 사람에게는 신분의 상징이기도 하다. 어떤 차를 사느냐가 그 사람의 삶의 태도를 나타낸다고 생각하는 사람이 있고, 가족의 편의를 위해서 차를 사는 사람도 있다. 그래서 차를 판매할 때에 해당 차량이 특정 사람들에게 어떤 의미가 있는지, 어떤 사람들에게 어떤 이유로 해당 차량이 매력 있는지를 우선으로 생각해야 한다. 자동차의 생산기술은 대부분 비슷하지만, 브랜드 혹은 시리즈마다 다른 브랜드와의 차별화를 강조하는 이유가 바로 그것이다. 광고는 특정 고객의 상품에 대한 특정한 욕구를 중심에 둬야 한다.

갈증해소 음료를 광고하려면 덥고 목마른 장면을 연출해야 한다. 속을 따뜻하게 해주는 음료수를 광고하려면 따뜻하고 온화한 분위기를 연출해야 한다. 체내 열을 내리는 음료수를 광고하려면 중국식 샤부샤부처럼 열이 나는 음식점을 배경으로 연출해야 한다. 이런 배경과 분위기를 연출한 다음, 상품의 필요성을 조리 있게 설명하면 된다. 굳이 '○○음료수를 사야지.'라고 생각하지 않아도 광고에서 나온 분위기가 있는 장소에 가면 사람들은 자연스럽게 해당 상품을 떠올리고 그것을 구매한다. 영향력을 가지고 싶다면, 사람들의 욕구를 불러일으키는 게 가장 중요하다. 그렇게만 하면 가만히 있어도 저절로 사람들이 따르는 효과를 얻게 될 것이다.

그렇다면 어떻게 욕구를 불러일으켜야 할까?

먼저, 문제가 있다는 것을 상대방에게 상기시켜야 한다.

당신이 어느 대학의 교수라고 하자. 당신은 개강 첫날부터 해당과목의 개론, 서론, 학과 연혁, 참고도서, 수업과정, 각 장의 내용, 연습문제 등을 설명했다. 당신이 아무리 입담이 뛰어나고, 수업자료를 완벽하게 준비했다고 해도 학생들이 받아들이기 쉽지 않을 것이다. 당신은 교육의 가장 기본적인 조건인 지식욕을 간과했기 때문이다.

해당과목이 어떤 의미가 있고, 왜 배워야 하는지, 배운 것을 앞으로 어디서 어떻게 사용할지를 모르는데 당신의 강의를 진지하게 들을 이유가 있겠는가? 이 사례에서 문제는 학생들이 자신의 부족한 부분을 자각하고, 이를 보완하려는 욕구에서 시작된다.

유능한 교수라면 학생들의 약점을 들추어서 학생들이 스스로 문제가 있다는 걸 깨닫게 하고, 강의로 약점을 보완할 수 있다고 느끼게 해야 한다. 약점을 들추는 것을 마케팅에서는 '필요생산'과 '필요충족'이라고 말한다. 영향력 있는 사람이 되고 싶다면, 영향을 받고 싶은 필요성을 느끼게 해야 하고, 상대방이 변화의 필요성을 깨닫게 해야 한다.

광고업계의 대표적인 사례가 있다.

리스테린은 구강청결제를 판매하기 위해 입 냄새라는 개념을 탄생시켰다. 실제로 1914년 리스테린이 구강청결제를 출시하기 전까지 미국에는 구취라는 개념이 없었다. 숨을 내쉴 때 냄새가 나고, 피부에서도 냄새가 나고, 두피에서도 냄새가 난다는 건 다들 알고 있다. 사람마다 냄새의 차이는 있지만 어쨌든 사람이라면 다 냄새가 나기 때문에 이상하다고 생각하지 않았다. 사람들이 입에서 냄새가 나는 것을 문제로 인식하지 않는데 어떻게 구강청결제를 판매할 수 있을까? 아무리 상품의 효능을 광고한다고 한들 아무 소용이 없을 것이다.

그래서 리스테린은 1920년 새로운 광고를 내놓았다. 세상을 뒤집을 만한 광고로 '구취Halitosis'라는 단어를 만들어 퍼트렸다. 리스테린은 광고를 통해 구취는 숨을 쉴 때마다 악취를 유발하고, 사람들이 점점 당신을 싫어하게 만든다고 설명했다. 리스테린은 많은 사람이 "그럴 리가 없어. 나는 이런 문제가 없다고!"라고 말할 것을 예상하고, 구취가 있는 사람들은 자기 냄새를 맡을 수 없다고 강조했다. 여기에는 "당신은 냄새를 맡지 못하지만, 다른 사람이 좋지 않은 냄새를 맡을 수도 있다. 그러니 집집마다 구강청결제를 갖춰서 병이 있는 사람은 치료하고, 병이 없는 사람은 예방하세요!"라는 숨은 뜻을 광고에 담았다.

구취의 개념은 성공적이었다. 숨 쉴 때 나는 냄새가 순식간에 구취로 변했다. 다른 사람들에게 당신이 숨 쉬는 냄새를 맡게 하는 것이 아주 무례한 행위가 되었다. 이 새로운 개념의 광고는 잔인하기까지 했다. 화면은 이랬다.

사람들이 다 같이 모여 수다를 떨고 있는데, 구석에 몹시 불쌍해 보이는 한 여성이 고립되어 있다. 이 여성은 자신이 말만 하면 주위 사람들이 인상을 찌푸리고 고개를 돌리니 대화에 낄 수 없다고 불평한다. 동시에 광고 자막이 뜬다.

"당신에게 구취가 있다는 사실을 당신은 죽어도 모를 것입니다."

환영받지 못하는 사람들이 가진 문제점과 자신들의 상품을 함께 묶어서 자신이 환영받지 못한다고 생각이 들면, 리스테린 구강청결제를 떠올리도록 했다. 광고는 큰 성과를 거뒀다.

비슷한 사례들은 많다. 비듬 제거, 미백, 제모처럼 딱히 일상생활에서 필요 없는 것들도 상품을 판매하기 위해 중요한 문제를 해결해주는 것처럼 과장한다. 문제를 만든 다음, 상품을 광고하는 것이 광고업계에 있는 공공연한 비밀이다. 당신이 상식이라고 생각하고, 문제점이라고 생각하는 것들은 알고 보면 광고에서 만들어진 문제들일 수도 있다.

시중에 나와 있는 건강보조식품이나 약품들은 자녀의 식욕저하를 걱정하는 부모들이 문제를 해결하기 위한 것이다. 그러나 잘 생각해봐라. 식욕저하가 정말로 병일까? 생활환경이 매우 좋고, 지나친 보살핌을 받고 있어서 아이가 음식을 덜 먹는 게 아닐까? 비정상적인 수준의 식욕저하라면 그건 다른 병으로 인한 것이지 식욕저하 자체가 병은 아닐 것이다. 증상에 맞게 약을 처방해야 한다. 무수한 병이 '밥을 먹기 싫다'라는 증상 때문에 생긴 것이라면, 밥을 먹기 싫은 문제를 해결해줄 약이 어디 하나뿐이겠는가? 광고에서 말하는 식욕저하는 단순히 상품을 판매하기 위해 만들어낸 문제가 아닐까? 만들어진 문제가 성공을 거두니 대부분

부모는 식욕저하가 소비욕구를 불러오기 위해 만들어낸 문제라는 것조차 인식하지 못하고 있다.

좋은 광고는 상품의 우수성이 아니라 문제점을 강조한다는 게 결론이다. 상품은 문제점이 만들어낸 결과이다. 상품 자체가 얼마나 좋은지는 상품 생산자의 입에서 나오는 것이지 소비자의 기호로 바뀌진 않는다. '술맛이 좋으면, 술집이 깊숙한 골목에 있어도 상관없다.'라고 생각하는 것도 '맛이 좋은 술을 마시고 싶다.'라고 생각하는 사람이 있어야 한다.

상대에게 영향력을 주고 싶다면, 당신의 경험에서 '사람을 당신 편으로 만들 수 있는 무엇'을 찾아야 하고 가장 중요하게 생각해야 한다. 그러나 찾아낸 당신의 매력을 드러내기에 앞서 주의해야 할 게 있다. 당신의 입담보다 상대의 말에 경청하는 연습을 해야 한다. 당신을 드러내는 표현을 강조하는 게 아니라 상대를 이해하는 것에 치중해야 한다. 그로 인해 상대방의 관점과 사고 안에서 가능한 돌파구를 찾아야 한다. 당신이 환영받고 싶다면, 환영하는 법을 먼저 습득해야 한다.

이 방법이 어렵다면 영향력이 있는 사람이 되기 위한 아주 간단한 방법도 있다. 인터넷에서 흔히 볼 수 있는 '자극적 타이틀'에서 배우는 것이다. 자극적인 기사 제목은 사람들을 성가시게 하지만, 거부할 수 없는 파급력이 있다. 아무리 당신이 자극적인 기사 제목을 하찮게 여긴다고 해도, 어느 순간 참지 못하고 해당 페이지를 클릭하고 있을 것이다. 그들은 문제점으로 당신 마음속의 허를 찌르는 것을 굉장히 잘하기 때문이다.

흔히 볼 수 있는 기사 제목들을 살펴보자.

"IQ가 지나치게 높으면, 어떤 느낌일까?"

"연봉 2억을 달성하는 게 이렇게 쉬운 일이었나?"

"충격! 평범한 사진 속에 20년간 감춰왔던 비밀이!"

"이것도 모른다면, 다이어트에 실패한다!"

"외국어 학습을 힘들어하는 이유는 바로 이것 때문!"

이와 같은 기사 제목들은 공통된 특징을 갖고 있다. 부족한 점을 채워야 할 것처럼 계속해서 궁금증을 불러일으킨다는 것이다. "문제 삼지 않으면 문제가 안 되는데, 문제로 삼으니까 문제가 되는 거예요."라는 영화 대사가 무슨 말인지 이해될 것이다. 기사를 클릭해보면, 열에 아홉은 제목과 관련 없는 이야기를 하거나 내용이 끝나도 아무것도 해결되지 않는 경우가 허다하다. 그런데도 다음에 비슷한 제목을 보면, 또 클릭한다.

이것이 인생이다.

 이 정도는 알고 다니자!

영향력은 당신이 얼마나 뛰어나느냐가 아니라 상대방에게 당신이 얼마나 필요한지에서 비롯된다. 그래서 상품이 아니라 문제를 팔아야 한다. 필요사항을 성공적으로 만들어내면, 자연스럽게 영향을 줄 수 있다. 물이 흐르는 곳에 도랑이 생기는 것과 같은 이치다.

영향력은
감정 공유에서 시작된다

영향력의 핵심은 감성이다.

이 의견에 반론을 제기하는 사람들도 있다.

"뭐라고요? 사람은 이성적인 동물이라고 하지 않았나요? 그래서 중대한 결정을 내릴 때, 재고 따지기를 반복한 다음 이치와 근거에 맞게 결론을 내리지 않나요?"

물론 맞는 말이다. 하지만 사람들 사이에 오해가 생기는 이유는 무엇일까? 말을 분명하게 하지 않았기 때문에 오해가 생긴다고 생각하는 사람들이 많다. 그렇다면 루쉰魯迅처럼 뛰어난 문장가는 자기 뜻을 잘 표현하기 때문에 전혀 문제가 없었을까?

어떤 사람들은 의사소통에서 문제가 생기는 건 결국 언어 자체에 문제가 있어서라고 생각한다. 독일의 철학자 라이프니츠^{Gottfried Wilhelm} ^{Leibniz}는 순수한 이성의 법칙만으로 인공 언어를 만들면 해석의 오해와 논쟁을 피할 수 있다고 믿었다. 의견 충돌이 일어났을 때, 칠판에 분필로 각자의 관점을 분명하게 쓰면 누가 옳고 그른지 일목요연해질 것이다. 그러나 아이러니하게도 그는 뉴턴과 미적분을 누가 먼저 발명했느냐로 죽을 때까지 싸웠다.

이로써 사람들 사이에 오해는 표현이나 이성이 부족해서가 아니라 다른 이유가 존재한다는 걸 알 수 있다. 실제 사례를 한번 살펴보자.

몇 년 전 중국의 한 브랜드가 필터를 교체하지 않아도 되는 공기청정기를 개발했다. 대표는 기뻐하며 광고업체에 말했다.

"이렇게 위대한 과학기술의 개발을 중점적으로 홍보해주세요. 시장에 비슷한 상품들은 많지만, 모두 6개월이나 1년 안에 필터를 바꿔야 합니다. 저희 상품을 사용하면 소비자들의 비용부담이 줄어드니 얼마나 획기적입니까?"

그러나 이 말을 들은 광고업체 전문가들은 대표에게 말했다.

"일단 시장조사를 끝낸 다음에 다시 얘기합시다."

조사 결과 뜻밖의 결과가 나타났다. 소비자들은 '교체하지 않아도 되는 필터'를 의심했다.

"공기가 이렇게나 안 좋은데, 어떻게 필터를 교체하지 않을 수 있죠? 분명 사기입니다!"

"수입 상품들도 필터를 교체해야 하는데, 국내산 브랜드가 수입 상품보다 좋을 리 있어요?"

"싼 게 비지떡이라고 필터를 교체해야 하는 다른 공기청정기보다 기능 면에서 떨어지겠죠."

기대와 달리 소비자들의 반응은 의외로 싸늘했다.

물론 소비자들의 반응이 합리적이지 않을 수도 있다. 그렇다고 정확한 연구조사 결과를 제시하면서 소비자들에게 당신들은 이성적이지 않다고 가르쳐야 할까? 아니면 소비자들의 심리를 받아들이고, 광고 전략을 바꿔야 할까? 당연히 후자가 옳은 방법이다. 그래서 광고업체는 교체하지 않아도 되는 필터가 아니라 한 걸음 물러나 5년 동안 교체하지 않아도 되는 필터라고 홍보할 것을 제안했다. 이렇게 광고내용을 바꾼 것이 신의 한 수였다.

연구 결과는 분명히 교체하지 않아도 되는 필터였으나 5년 동안 교체하지 않아도 된다며 스스로 가치를 내렸다. 필터의 평균 수명이 1년 정도 되는 현 시장에서 5년을 보장한다는 것은 충분히 매력적이었으며, 소비자들의 신뢰를 얻게 되었다.

이 사례는 사람들 사이에 생기는 오해의 원인이 무엇일까에 대한 답이다. 정답은 나눌 수 없는 감정의 특징 때문이었다. 무슨 뜻이냐면 "우리가 대단한 상품을 만들었으니 크게 광고해야 해."라고 제조업자가 말한 대로 소비자에게 정보를 제공한다면 소비자들은 "설마 그렇게 좋을 리가 있어?"라고 반응할 것이기 때문이다.

제조업자가 자부심을 느낀 것 자체는 제조업자 한 사람의 감정이지, 잠재적 고객들은 전혀 좋아하지 않을 수도 있다. 이는 한 테이블에서 식사하면서 똑같은 농담을 들어도 어떤 사람은 아주 즐거워하고, 어떤 사람은 아무런 감흥이 없는 것과 같다. 더욱이 제조업자와 고객은 가까이 있지도 않은데, 한 가지 소식에 같은 감정을 느낄 수가 있겠는가? 고객에게 인정받기 위해 이치를 따져가며 가르칠 수도 없고, 마음을 움직여서 당신이 느끼는 자부심을 느끼게 할 수도 없다. 상대방과 소통하는 유일한 방법은 상대방의 감정에서 출발하는 것이다. 중요한 건 "내가 어떤가가 아니라 상대방이 어떻게 생각하느냐."라는 것이다.

나눌 수 없는 감정의 특징에 관한 또 다른 예를 살펴보자.

유럽 광고의 창시자이자, 광고계의 아버지라 불리는 데이비드 오길비 David MacKenzie Ogilvy는 광고에서 가볍고, 부정적인 단어를 직접 쓰는 건 매우 위험한 행동이라고 말했다. 만약에 "우리 소금에는 비소가 함유되지 않았습니다."라고 광고했다면 일부 소비자들은 부정어인 '않았다'를 간과하고, '소금'과 '비소'를 떠올린다는 것이다. 그러므로 "소금에 비소가 함유되었습니다."라는 말로 변질될 수도 있다. 또 당신이 아니라고 말할수록 일부 소비자들은 찔리는 게 있다고 생각할 것이다. 그게 아닌데 왜 자꾸 아니라고 강조하겠는가? 이 생각이 틀릴 수도 있지만, 감정이라는 건 맞고 틀리고가 아니라 인상이 강하냐 아니냐에 달렸다.

우리가 마피아 게임을 할 때, 다른 사람들이 당신을 마피아라고 지목했다. 이때 가장 위험한 발언은 "나는 마피아가 아니에요."다. 마피아라는 느낌은 당신과 이미 하나로 묶여 있기 때문이다. 상대방에게 도리를 분명하게 설명하는 것보다 감정적 공감을 얻는 게 가장 어렵다. 감정의 불가분성을 극복해야 상대에게 원하는 느낌을 주고, 당신이 전하고 싶은 내용을 순조롭게 전달할 수 있다.

상대방과 소통하는 유일한 방법은
상대방의 감정에서 출발하는 것이다.
중요한 건 "내가 어떤가가 아니라
상대방이 어떻게 생각하느냐."라는 것이다.

왜 유명인이 광고모델을 하는지 생각해본 적이 있는가? 광고모델들이 실제로 해당 상품을 사용하는지를 떠나 전문가도 아닌데 무슨 자격으로 상품의 장점을 이야기할까? 이유는 간단하다. 친근감 때문이다.

실제 소비자의 선택은 '익숙한 얼굴'이 주는 친근감에서 결정되는 경우가 많다. 미국 여론조사 결과, 53%의 사람들이 영화를 고를 때 지인의 추천을 따른다고 응답했다. 병원을 선택할 때는 70%까지 올라간다. 병원을 선택하는 건 영화를 고르는 것보다 더 중요한 일인데 어째서 사람들은 전문분야나 인지도보다 지인의 의견에 중점을 두는 걸까? 우리는 중요한 선택이거나 마음을 쓰고 있는 것일수록 더욱 감정의 영향을 받는다. 실제로 또 다른 여론조사에서 91%의 사람이 중요한 물건을 구매할 때, 지인의 영향을 많이 받는다고 응답했다. 여기에서 관심이 가는 것은 소비자의 선택은 느끼는 것이지, 이성적인 관찰이나 추론이 아니라는 것이다. '많은 사람이 감정의 영향을 받고 있지만, 나는 그렇지 않다. 나는 절대적으로 이성적인 사람이다.'라고 생각하는 것 역시 느낌일 뿐이다.

2001년 광고 수용성에 관한 연구를 진행했다. 심혈을 기울여 만든 다양한 광고를 보여준 다음, '광고가 당신에게 미치는 영향'에 대한 질문을 했다. 피실험자 대부분이 아무리 기가 막히게 만든 광고일지라도 광고라는 걸 알기 때문에 영향을 받지 않는다고 응답했다. 그러나 질문을 조금 바꿔서 '해당 광고가 다른 사람들에게 미치는 영향'이라고 묻자 대부분 응답자가 자신이 아닌 다른 사람들은 광고에서 추천하는 상품을 구매할 것이라고 대답했다. 이상하지 않은가? 자신은 영향을 받지 않는데, 왜 다른 사람들은 영향을 받을 것으로 생각하는 걸까? 사실 그들은 광고에서 상품에 대한 확실한 매력을 느꼈기 때문이다. 이 광고의 영향력이 성공적이라는 것을 증명한다. 단지 자신에게 그런 일이 발생했다는 걸 인정하고 싶지 않을 뿐이다.

광고는 실험실 같은 곳에서 나와 당신에게 "안녕? 나는 광고라고 해. 너는 나의 영향력을 느끼니?"라고 직접 묻지 않는다. 자신도 모르는 사이에 마음이 흔들리는 것이 광고의 효과이다. 미국 유명 광고학자인 킬보른Kilbourne은 다음과 같은 말을 했다.

"자기 자신은 광고의 영향을 받지 않는다는 잘못된 믿음을 거의 모든 사람이 갖고 있다. 우리가 전국을 돌며 강의할 때마다 가장 자주 듣는 말은 '나는 광고에 관심이 없어요.' 혹은 '광고는 광고일 뿐이죠, 저는 영향을 받지 않아요.'라는 말이다. 그러나 이런 말을 하는 사람들은 버드와이저 모자를 쓰고 있는 젊은이들이다."

그렇다. 영향력은 이처럼 자신이 영향을 받고 있다는 사실조차 인지하지 못할 정도로 대단하다.

지식조각블록 이 정도는 알고 다니자!
- -

나눌 수 없는 감정의 특성 때문에 의사소통에 큰 장애가 된다. 내가 실제로 어떠한지 보다 상대방이 어떻게 느끼느냐가 가장 중요하다. 감정에서 의해 영향력이 만들어진다.

아름다움을 나눌까,
아니면 두려움을 만들까?

개개인의 모든 특징은 장점이 된다.

내향적인 사람은 신중하다고 할 수 있고, 한편으로는 자신감이 부족하다고 할 수도 있다. 그런 반면 외향적인 사람은 시원시원하게 일을 처리한다고 할 수 있고, 겉만 요란하다고 할 수도 있다. 어떻게 행동하느냐에 따라 평가가 달라진다.

개성이 부족하면 투명인간이 되기 쉽다. 글을 쓰거나 강연할 때도 마찬가지다. 어떤 것이 좋고 나쁘다는 정해진 규범은 없다. 모든 사람을 만족하게 할 순 없더라도 관점, 말하는 방식이나 글을 쓰는 방식, 이론의 근거 등에서 자신만의 스타일이 있어야 한다. 평범함은 최악이다. 표현 방식에서 나타나는 대다수 사람들의 주된 문제점은 평범하다는 것이다. 그렇다면 어떻게 해야 다른 사람들 눈에 애매하거나 평범하지 않고 자기 의견을 잘 전달할 수 있을까?

가장 효과적인 방법은 감정을 판매하는 방식이다. 광고는 보는 사람으로 하여금 필요를 만들어내야 한다. 마음을 움직여 필요성에 간절함을 느끼고 소비로 실천하게 하는 목적이 분명한 일이다. 그러나 사람의 감정변화를 이끌기는 말처럼 쉬운 게 아니다. 구체적으로 감정변화를 일으킬 수 있는 요인은 크게 두 가지 방법이 있다. 첫째, 필요를 세분화해서 아름다운 상상으로 만들어내고 과장한다. 둘째, 손해 보기 싫어하는 심리를 이용해 수용도를 높인다.

(1) 필요를 세분화한다

필요는 어떤 방법을 써도 곧장 소비 충동으로 이어지지 않는다. 예를 들어 목이 마르면 물을 마셔야 한다. 물은 모든 사람에게 필요하지만, 음료수를 사야 할 이유가 있을까? 아름다운 경험과 관련한 구체적인 상품을 만들어야 한다. 소비자 필요에 맞게 세분화하여 그들의 구미를 당기게 해야 한다.

이때, 목마름은 물을 마시는 것처럼 단순하지 않다는 걸 알아야 한다. 운동할 땐 무엇을 마시지? 일할 땐 무엇을 마시지? 모임 때는 무엇을 마시지? 데이트할 때는 무엇을 마시지? 뜨거운 음식을 먹을 땐 무엇을 마시지? 햄버거를 먹을 땐 무엇을 마시지? 이렇게 상황을 세분화하면, 금방 특정 브랜드가 머릿속에 떠오를 것이다.

주변 사람들에게 똑같이 물어보자. 아마 대부분 비슷한 반응을 보일 것이다. 왜 이런 현상이 나타날까? 오랜 기간 지속해온 광고의 교육 효과다. 음료마다 다른 생각이 떠오르는 건 광고가 만들어낸 '필요 세분화'다. 생수, 미네랄워터, 정제수, 증류수는 별다른 차이점이 없다. 코카콜라 제로, 펩시 맥스, 코카콜라 라이트 등 종류는 다양하지만, 포장지를 벗겨내면 뭐가 뭔지 대부분 구별하지 못한다. 그러나 소비자들은 모두 다른 상품으로 인식한다.

그렇다면 필요는 얼마나 세분화할 수 있을까? 코카콜라 라이트와 코카콜라 제로는 똑같이 무설탕이고 맛도 비슷하다. 라이트는 흰색 캔에 들어있고, 제로는 검은색 캔에 들어있다. 라이트는 주요 타깃이 여성이고, 제로는 주요 타깃이 남성이라는 점이 가장 큰 차이다. 별로 중요해 보이지 않았던 색깔조차도 필요를 세분화함으로써 고객만족도를 높인 결과다. 갖가지 물건들로 채워진 슈퍼에서 한 가지 상품을 고르기 위해 우리가 행복한 고민을 하는 것도 업체가 상품을 세분화해놓았기 때문이다.

업체들은 주관적인 물건도 세분화할 수 있다. 예를 들어 아이스크림은 얼음과 단맛을 판매한다. 그러나 "얼음과 단맛으로 이루어진 우리 가게 아이스크림을 먹으러 오세요!"라고 광고하는 업체는 없다. 얼음과 단맛은 보편적인 사실이라 소비자에게 구매욕을 불러일으킬 수 없다. 그래서 아이스크림은 구체적이면서 소소한 '행복'을 함께 묶는다. "사랑하는 그녀에게 ○○아이스크림을 선물하세요!"라는 광고는 달콤함보다 사랑하는 마음을 전달하는 것을 내세운 게 다른 브랜드와의 차이점이다. 아이스크림에 들어있는 어느 성분도 사랑하는 마음을 전달하는 것과 관계가 없다. 그러나 소비자에게 타 업체들과 다른 느낌을 주고, 소비행위로 이어진다면 업체의 목적은 달성된다.

다음은 필요를 세분화하는 과정이다.
① 사람은 언제 아이스크림을 사려고 할까?
② 크게 와 닿는 상황은 어떤 게 있을까?
③ 여러 상황 중 사랑하는 마음을 전달하는 항목을 선택하고, 상품과 묶는다.

다음은 필요 세분화의 과정이면서도 느낌의 세분화이다.
① 아이스크림이 사람들에게 어떤 느낌을 줄까?
② 이런 느낌은 어떤 장면을 떠오르게 할까?
③ 장면들 속에서 어떤 부분이 가장 큰 감동을 줄까?
④ 상품과 해당 부분(사랑하는 사람에게 아이스크림을 선물하는 것)을 묶는다.

결국, 음식을 통째로 삼킬 수 없는 것처럼 좋은 물건일수록 세분화를 해야 영향력이 생긴다는 것이다. 글을 쓰거나 표현하는 방식이 무미건조해서 고민이라면, 세분화 과정을 시도해보는 것도 좋다. 살아서 숨 쉬는 것처럼 생동감 있는 표현, 마치 그 상황 속에 있는 것처럼 사람을 황홀하게 하는 묘사는 세부적으로 나눴기 때문에 가능하다. 독자는 그런 문장에 매료된다.

(2) 두려움을 활용한다

세분화가 감정적인 상황에 적합하다면, 두려움을 활용하는 방법은 이성적인 상황에 적합하다. 예를 들어 음료수를 사면서 군것질거리를 함께 사고, 말 나온 김에 즉흥적으로 여행을 가는 충동형 소비자를 대상으로 광고를 한다면 세분화하는 방법이 적합하다. 그러나 어떤 문제를 해결하고, 기능을 사용하기 위해 상품을 구매하는 소비자들에게는 두려움을 생성하는 광고가 적합하다.

생리대 광고는 대개 발랄하고 가벼운 장면들이 주를 이루지만, 광고의 취지는 행복 추구가 아니라 문제해결이다. 문제가 해결되면 행복은 자연스럽게 따라온다. 그러므로 생리대 광고는 두려움 활용을 해야 한다. 해당 상품을 사용하지 않으면 어떤 위험요소가 있는지를 강조해서 소비자가 해당 상품의 중요성을 느끼도록 해야 한다. 자세히 살펴보면 거의 모든 생리대 광고가 '안심'을 내세워, 샘 방지와 초강력 흡수를 주요 기능으로 강조한다는 걸 발견할 수 있다.

현대인의 필수품인 샴푸가 얼마나 좋은지 굳이 강조할 필요는 없다. 샴푸 광고 속 모델들이 샴푸를 할 때 행복한 표정을 짓고 있지만, 그렇게까지 즐거운 일이 아니라는 것쯤은 다들 알고 있다. 그래서 해당 샴푸를 사용하지 않으면 어떤 문제가 생기는지가 업체가 내놓은 공략이다. 소비자들이 이성적인 선택을 할 때, 자신에게 그럴만한 이유를 주려고 한다. 그래서 광고의 주제는 대부분 우리 마음속에 있는 두려움을 드러내 보인다. 비듬을 걱정하는 사람, 머릿결을 걱정하는 사람, 탈모를 걱정하는 사람이 있다. 당신이 어떤 걸 두려워하느냐에 따라 그 문제를 해결해줄 샴푸는 있다. 이렇듯 당신에게 걱정거리가 있어야, 셀링 포인트가 생긴다. 가장 흔한 광고의 방법은 가능한 손해를 형상화해서 보여주는 것이다. 예를 들어 머리에 비듬이 잔뜩 있고, 기름기가 줄줄 흘러서 사람들의 눈총을 받거나, 면접 기회를 잃어버리는 상황을 보여준다. 해당 상품을 사용하자마자 행복한 삶을 돌려받는다. 실제로 일상생활에서 이렇게까지 과장된 상황이 있을까? 물론 보기 힘들다. 당신 마음속에 있는 두려움은 광고가 만들어낸 필요상황이다.

더 나아가 소비자의 이성적인 판단은 종종 결정을 내릴 때 방해가 된다. 이때, 그들에게 빠르게 결정을 내릴 충동을 제공해야 한다. 두려움이 가장 좋은 촉매제이다. 한참을 망설인 후 마지막에 이른 중요한 고비 같은 것이다.

두려움의 가장 흔한 예는 '한정 세일'이다. 옷, 전자기기 등 대체 가능성이 가장 큰 상품들은 가격을 비교해본 다음에 결정을 내리지만, 시간이 지나면 없어지는 한정은 소비자에게 "이건 사야 해!"라는 느낌을 주고, 빠른 결정을 돕는다.

또 다른 예를 들어보자. 이직은 침착하게 계획을 해야 한다. 사람들은 가지고 얻기 위해 전전긍긍하고, 빼앗기고 잃을까 봐 노심초사한다. 그래서 하고 싶어도 쉽게 못 하는 게 이직이다. 독일의 한 헤드헌팅 사이트는 "잘못된 일을 하느라 인생을 낭비하지 마세요."라고 광고한다. 해당 광고는 이직이 얼마나 좋은 일인지 강조하지 않으면서도 이직하지 않는 게 정말 옳은 일인지를 의심하게 만든다. "그래! 일이 뜻대로 되지 않는데도 계속 일하는 게 가장 큰 실패야!" 이 광고를 본 당신은 이직하는 것

보다 현재의 직장에서 계속 근무하는 게 진짜 손해라고 생각하고, 헤드
헌터의 부추김에 쉽게 흔들릴 것이다.

우리는 두 가지 원칙을 기억해야 한다. 첫째, 감정에 영향을 받는 사람
들이라면 행복을 세분화해야 한다. 상대방의 필요와 느낌이 세밀할수록
영향력은 더 커질 것이다. 둘째, 이성에 영향을 받는 사람들이라면 두려
움을 활용하자. 위험을 두려워하는 심리를 이용해 빠른 결정을 내리도록
자극하자. 이 두 가지 원칙을 번갈아 사용할 수도 있다. 감정에 영향을 받
는 사람에게는 아름다운 상상의 장면에서 위험을 보여주고, 이성에 영향
을 받는 사람에게는 위험과 손해를 생각할 때 좋은 감정을 강조하는 방
법이다.

이 방법은 창의적이고, 잘만 활용하면 독특한 스타일이 된다. 예를 들
어 일반적인 샴푸 광고가 두려움을 강조한다면, 이 방법은 샴푸가 어떤
문제를 해결하는지 강조하지 않고 자신감, 즐거움, 활력, 열정 등의 가치
관을 강조한다. 일반적인 샴푸 광고가 '자취를 감춘 비듬' 혹은 '고운 머
릿결'을 내세운다면, 후자는 "○○샴푸를 사용하면, 자신감이 생긴다."
혹은 "내 삶을 사랑한다면, ○○샴푸를 사랑하세요."라고 광고한다. 남들
이 부정적인 부분을 이야기할 때, 긍정적인 부분을 이야기하면서 뜻밖의
성공을 거둔 것이다.

물론 아이디어는 상식에서 벗어나거나 도를 지나쳐서는 안 되고, 두려
움을 행복으로 되돌린다는 기본 원칙을 지켜야 한다. 그러지 않으면 사
람들 기억에 남는다고 해도 불편할 것이다. 예를 들어 환풍기 광고가 주
방의 깔끔함이 아니라 주방 전체에 가득 찬 연기를 강조하는 것은 아무

런 문제가 없다. 해당 광고의 목적이 '환풍기는 행복한 경험'이 목적이 아니라는 걸 누구나 알기 때문에 전체적인 느낌은 여전히 긍정적이다.

그러나 다른 예로, 한 에어컨 광고가 '무소음'과 '인체 식별' 두 가지 기능을 강조하려고 소름이 끼칠 만한 내용을 담았다. 에어컨에는 인체를 식별하는 기능이 있어서, 살아있는 여주인공은 인식해 에어컨이 켜지지만, 죽어서 영혼만 있는 남주인공은 식별하지 못해 작동하지 않는다는 내용이었다. 이 광고는 사람들의 기억에 남겠지만, 사람들이 상품에 호감을 느낄지는 장담할 수 없다.

결국, 사람들의 마음을 움직이는 힘은 유명한 광고처럼 아름다움을 세분화하고, 손해를 싫어하는 심리를 적절히 활용하는 데 있다. 영향력 있는 광고들은 우리에게 귀중한 자료다.

지식조각블록 이 정도는 알고 다니자!

평범함을 거부한다면 광고를 보고 배우자. 어떻게 행복을 세분화하고 두려움을 활용하는지, 일상생활에서 쉽게 접할 수 있는 물건을 어떻게 매력적으로 표현하는지를 광고에서 배우자.

나쁜 소식을
어떻게 좋은 소식처럼 말할까?

상대방에게 영향력을 행사하려면, 정보가 아니라 해석하는 틀을 제공해야 한다.

따뜻한 물을 뜨겁다고 느끼게 하려면 어떻게 해야 할까? 먼저 차가운 물을 마시게 하면 된다. 똑같은 물을 시원하다고 느끼게 하려면 어떻게 해야 할까? 뜨거운 물을 먼저 마시게 하면 된다. 물의 온도는 전혀 바뀌지 않았지만, 해석하는 틀을 달리하니 사람들은 전혀 다른 느낌으로 해석하게 되었다.

"나무가 대단히 크구나!"

당 태종 이세민이 정원에서 휴식을 취하다가 작은 나무를 과장해서 표현했다. 곁에 있던 신하 우문사급宇文士及이 나무가 곧 하늘에 닿겠다고 거들었다. 그러자 태종이 안색을 바꾸며 말했다.

"위징魏微이 감언이설을 하는 자는 간신이라고 했다. 보아하니 너와 같은 자를 이르는 말이었구나!"

이 상황에서 당신이 우문사급이라면 어떻게 하겠는가? 위징이 말도 안 되는 소리를 했다고 하겠는가? 아니면 황제에게 공연한 걱정을 하는 것이라 하겠는가? 아니면 그런 뜻이 아니었다고 해명하겠는가? 다 틀렸다. 해석하는 틀을 바꿔줘야 한다.

우문사급은 이렇게 대답했다.

"폐하께서는 매일 조정에서 신하들과 의사를 논하느라 고생하십니다. 오늘은 어렵사리 시간을 내시었는데 제가 듣기 좋은 말을 몇 마디 한다고 해도 별 의미가 없을 것이라 사료됩니다."

우문사급의 대답은 동료 위징에게 미움을 사지 않으면서, 황제에게 반역하지 않았고, 딱히 자기변호도 하지 않았다는 점에서 훌륭하다. 속뜻은 "폐하의 말은 일리가 있습니다. 그러나 그것은 조정 안에서 해당하는 말이며, 지금은 휴식을 취하는 중이 아닙니까? 그러니 해석하는 틀을 바꿔서 제 말을 들으셔야 합니다. 위징의 말을 따라서 항상 진지하기만 하면 누가 견딜 수 있겠습니까?"이다. 해석하는 틀을 바꿔서 말했을 뿐인데 이 말을 들은 당 태종은 다시 기뻐했고, 우문사급을 더욱 신임하게 되었다고 한다. 똑같은 말이라도 어떤 틀에서는 아첨이 되고, 또 다른 틀에서는 사람을 잘 이해하는 행동으로 변한다.

조금만 주의를 기울이면 주변에서도 이런 원리를 발견할 수 있다. 기

> 상대방에게 영향력을 행사하려면,
> 정보가 아니라 해석하는 틀을 제공해야 한다.

업이나 가게에서 왜 끊임없이 신상품이 출시되는지 생각해본 적이 있는가? 신상품 출시가 물가상승, 원재료비 상승보다 더 나은 해석의 틀이기 때문이다.

A라는 빵집과 B라는 빵집이 있다. A 빵집은 "물가상승과 원재료비의 상승으로 빵 값을 10% 올렸습니다. 고객 여러분의 양해 바랍니다."라는 포스터를 붙였고, B 빵집은 "프랑스 파티시에와 함께 시즌 신상품 출시! 들어와서 맛보세요!"라는 포스터를 붙였다.

어느 빵집이 더 장사가 잘될까? 당연히 B 빵집이다. 똑같이 물가상승이 원인이지만, 소비자들은 물가상승, 원재료비 상승과 같은 나쁜 소식보다 신상품 출시라는 좋은 소식을 듣기 좋아한다. 업계들은 진작 이런 소비자들의 마음을 읽고 있었다.

현금을 받는 게 번거로웠던 한 국숫집 사장은 가게에 이런 공고를 붙였다. "본 가게는 현금을 받지 않고, 전자결제만을 이용합니다." 이 공고를 본 손님들은 불만을 느꼈고, 통용화폐를 거절하는 건 위법 행위라고 고소하겠다는 사람도 있었다. 국숫집 사장의 문제점은 틀을 잘못 이용했다는 것이다. 진심으로 현금을 받는 게 싫었다면, "현금 장치에 장애가 발생했습니다. 현금이 아닌 결제수단을 이용하는 고객에게는 혜택을 드리겠습니다."라는 공고를 붙여야 했다.

예를 들어 한 그릇에 6천 원인 메뉴가 있다. 8천 원으로 가격을 올린 다음, 현금이 아닌 결제수단을 이용하는 고객에게는 2천 원을 할인해주는 방법이다. 제한을 혜택으로 바꾼 셈이다. 틀을 바꾸면 손님들도 만족하고, 법적으로도 아무런 문제가 없다. 현금 결제를 하는 손님이 줄어드니 목적도 달성되었다.

2002년 노벨 경제학 수상자 대니얼 카너먼Daniel Kahneman은 사람들은 손실에 대한 혐오를 타고났다고 말했다. 손해, 고통, 위험을 더 큰 행복으로 바꿀 수 있지만, 여기에 본능적으로 예민하다. 카너먼은 동전 던지기 실험을 했다. 동전의 어떤 면이 나올지에 대한 가능성은 50:50이다. 앞면이 나오면, 실험에 참가자들은 150달러를 획득한다. 뒷면이 나오면 100달러를 잃는다. 50:50의 확률에서 이기는 쪽이 50달러를 더 얻으니 계속 걸어도 밑져야 본전이다.

그러나 놀랍게도 많은 사람이 도박을 거절했다. 150달러를 얻는 기쁨보다 100달러를 잃는 슬픔이 더 크다고 말하면서 말이다. 그렇다면 얼마를 더 얻어야 100달러를 잃는 슬픔을 채울 수 있을까? 실험 결과, 200달러였다. 똑같은 수치의 손실과 수익, 고통은 행복의 2배였다. 부정적인 것은 우리 마음속에서 긍정적인 것의 2배를 차지하고 있다는 것이다. 그러므로 어떤 묘사를 봤을 때 부정적인 단어를 머릿속에 더 깊숙이 기억한다.

해석하는 틀 바꾸기에 관해 뤄전위罗振宇는 '치파슈오 시즌4'에서 재미있는 예시를 들었다. 한 직원이 실수로 회사의 유리문을 깨뜨렸다. 이때 사장님은 그에게 달려가 이렇게 위로했다.

"괜찮습니까? 사람은 안 다쳤나요?"

아무 일이 없다는 걸 확인한 후 사장님은 인사담당자를 불러 유리문을 깨뜨린 직원을 가리키며 말했다.

"배상하라고 해!"

틀이 달라지면, 감정의 온도도 달라진다. 당신이 나쁜 역할을 해야 하는 인사담당자라면, 유리문 배상을 어떻게 듣기 좋게 말할 수 있을까?

"사장님이 당신을 굉장히 좋게 생각해서, 최소한의 금액으로 처리하면 된다고 특별히 분부를 하셨어요."

이처럼 해석하는 틀을 이용해 당신이 원하는 방향으로 타인에게 영향력을 행사할 수 있다.

지식조각블록 이 정도는 알고 다니자!

해석하는 틀을 바꾸면, 같은 일이라도 완전히 다른 결과가 나타난다. 타인에게서 원하는 견해를 듣고 싶다면, 어떻게 해석하는 틀을 제공할지 신중하게 선택해야 한다.

쉴 새 없이 보다 나은 사람이 되기 위해 노력하자.
여기에 인생의 참된 의미가 포함되어 있다.

- 톨스토이

5장

숨어 있는 불안과 마주하는 법을 배워라

당신 가치를 높이는 법

"나는 분리수거도 안 될 거야."

"노력하지 말자, 그럼 절망이 무엇인지도 모르겠지."

"그럭저럭 되는 대로 살아가는 거야."

"내일도 모레도 되는 대로 살아가는 게 인생이지. 뭐 별 거 있어?"

중국에서는 "상丧 : 잃다, 상실하다."이라는 글자가 자주 등장한다. 상실이란 무슨 의미일까? 힘이 없고, 부정적인 에너지가 샘솟는 느낌일까? 아니면 콧방귀를 끼며 일상생활을 대하는 태도일까?

상실이 유행하게 된 배경은 초조함을 표출할 수 없음에서 비롯됐다. 인터넷은 세상을 점점 더 평등하게 만들었다. 지역, 나이, 직업, 재능 등이 모든 면에서 서로 다른 사람들이 같은 정보를 접할 수 있다. 우리 일상생활이 점점 비슷한 환경으로 변하고 있다는 걸 의미한다.

우리는 '같은 연예인'을 좋아하고, '같은 고양이'와 장난치고, '같은 사진'에 '좋아요'를 누른다. 우리는 비슷한 성공에 흘리고, 비슷한 사치에 유혹당하고, 비슷한 할인에 홀려, 비슷한 장바구니를 정리한다. 우리는 자동차, 자전거, 충전기를 공유하고, 스트레스, 가치관, 인생관, 세계관을 공유하기도 한다. 분명히 다 다르지만, 이상형의 조건, 자기 자신에 대한 기대치, 생활을 바라보는 관점을 공유한다. 살아가면서 원망해야 할 일들이 무수히 많지만, 원망하면 안 된다고 타이르는 건 곁에 있는 동료, 가족,

친구, 연인 등 인간관계에 있는 사람들이다.

개성을 강조하는 시대에서 우리가 가지는 저마다의 초조함은 마음을 치유해주는 이야기로 다스리고 차단한다. 해소할 곳이 없고 들어주는 사람도 없다. 답답하지만, 나보다 더 답답한 사람들도 많다. 다행히 하늘이 무너져도 솟아날 구멍은 있다. 초조함을 내려놓을 곳이 없어도, 쌓아둘 공유 매립지를 찾아냈다.

그게 바로 '상실'이다.

01

상실감은
유행처럼 번진다

상실이란 무엇일까?

가장 기본으로 삼을 수 있는 순수한 전형적 상실은 어떤 것일까?

상실감을 느끼는 사람이라고 자신을 지칭하는 사람은 정말로 상실감을 느끼는 사람일까?

단어에 집착하다 보면, 그것을 판단하는 기준을 찾으면서 자기 의심이라는 함정에 빠지기 쉽다. 개괄적인 단어 같지만 풀어갈수록 의미가 모호해지기도 하고, 심도 있게 들어가다 보면 원래 생각했던 결론에서 멀어지기도 한다.

단어는 우리가 알고 있는 뜻보다 훨씬 유동적이며 유동적으로 표현할 수 있다. 같은 의미의 단어일지라도 언어의 역사성을 보면 시대 흐름에 따른 그 변화가 잘 나타나 있다. 문장 역시 마찬가지다. 사람들이 토하듯 뱉어내는 말들엔 시대를 반영하고 있다. 개인의 고민이지만 사회의 고민이기도 하다.

동시대를 살아가는 우리는 '상실'에 기준해서, 이 시대에 자주 언급되는 말들을 찾아보았다. 그리고 이 말들 중 자기평가, 업무태도, 생활방식, 사회생활방식, 일상생활 태도의 다섯 가지를 현실에 대입해보았다. 이 방법이 과학적이라 할 순 없지만 당신이 현실을 직시하기에 유용할 것이다. 당신도 정말 상실감을 느끼고 있는지 살펴보자.

(1) 자기평가 : 나는 분리수거도 안 될 거야.

만약, 당신이 평소 속으로 '나는 분리수거도 안 될 만큼 가치가 없는 거야.'라고 말하고 다닌다고 하자. 이모티콘이나 상태 메시지가 아니라 속으로 생각한다.

게다가 자신도 모르게 시체처럼 누워 있기만 한다면 당신의 상실지수는 굉장히 높은 편이다.

그리고 '그럭저럭'이라는 평가에 주의해야 한다. '그럭저럭' 상실감을 느끼지 않는다고 표시한 사람은 상실감에 대해 약간의 가능성을 주는 게 아니라 상실감에 대한 논쟁을 피하기 위한 답을 찾을 것이다. 다시 말해, 진정한 상실은 피 튀기는 상황에 맞설 수 있는 게 아니라 그 상황을 귀찮아하고, 자기평가조차 '그럭저럭 됐어.'라고 생각하는 태도다. 만약 다른 사람에게 자기 자신을 이야기할 때, 상실을 강조한다면, 그건 진정한 상실이 아니다.

다른 사람이 당신에게 상실감을 느끼는 사람인지 아닌지를 평가할 때 변론하는 것 자체를 귀찮아하는 게 진정한 상실감이다.

(2) 업무태도 : 노력하지 말자, 어떤 게 절망인지도 모르겠지.

상실감을 느끼는 사람은 매우 바쁘지만, 노력하지 않는 점이 백수 혹은 은둔형 외톨이와 다른 점이다. 2014년 중국 사람들의 평균 업무시간은 약 2,000~2,200시간이다. 같은 해, 미국 사람들의 업무시간은 약 1,800시간이었고, 성실하다고 이름난 일본 사람들은 약 1,729시간 정도 일을 했다. 중국 사람들은 출근 시간에 많은 시간을 소모했는데, 북경에 사는 사람들의 평균 출근 시간은 1시간 40분 정도였다. 직장이 아니라 직장에 가는 길에 시간을 소모한 것이다. 기운이 다 빠지는 건 매우 정상적인 일이었다.

이와 동시에 업무가 가져오는 성취감, 소득, 안정감은 점점 줄었다. 장래가 없고, 재미가 없어지고, 집을 사지 못하고, 결혼하지 못할 거라는 불안함은 업무에서 오는 고통과 정비례했다. 바쁘게 일하는 사람들 틈에 껴있는 건 매우 불행하고, 진정한 상실감을 느낄 수도 있다.

(3) 생활방식 : 1년 내내 졸리다. 침대에 누워 있을 때 가장 정신이 맑다.

왜 침대에 누워 있을 때 정신이 맑을까? 온종일 직장에서 업무를 하고 나면 상당한 체력이 소모되기 때문에 휴식으로 에너지를 충전해야 한다. 그러나 통신기술의 발달로 기존 8시간 근무 시간이 24시간 연중무휴의 개념으로 변질했다. 우리는 근무 외 시간에도 메신저, 이메일, 전화로 업

"

다른 사람이 당신에게
상실감을 느끼는 사람인지 아닌지를 평가할 때
변론하는 것 자체를 귀찮아하는 게
진정한 상실감이다.

"

무처리를 하고 있다.

이렇게 업무와 일상생활의 경계가 모호해지면서 심리적 기능이 제 기능을 못 하게 됐다. 이전에는 퇴근하고 집에 돌아와서 휴식을 취했다면, 지금은 저녁까지 계속해서 업무를 하고 있다. 그래서 잠을 자야 할 시간이지만 하루를 이렇게 보내버리기가 아쉬워 선뜻 잠자리에 들지 못한다. 아쉽지만 밤을 새우면서 무언가를 하고 싶은 강렬한 의지가 없기 때문에 그저 침대에 누워서 휴대전화만 만지고 있다.

이와 같다면 당신은 정말 상실감을 느끼고 있는 것일지 모른다. 이런 상실감은 당신에게 해롭다. 밤마다 쉽게 잠들지 못하고 낮에는 카페인의 힘을 빌려 억지로 눈만 뜨고 살아가기 때문이다. 그중에 신체적인 부담을 견디면서 맑은 정신으로 회복해야 한다는 인식을 가지는 사람들도 있다. 우리에게 좋지 않은 영향을 주는 상실감을 어떻게 해결해야 할지는 뒤에서 다시 설명하겠다.

(4) 사회생활방식 : 세상사를 따지지 않을 뿐더러, 사회성도 없다.

2016년 개봉한 일본 영화 '세토우츠미'에서 두 명의 고등학교 남학생이 계단에서 대화를 나누는 장면이 있다.

"내일 시험이야, 짜증 나."

"5월인데 벌써 더워."

"이 감자튀김 너무 길지 않아? 이렇게 긴 감자도 있나?"

"있어."

두 사람의 대화는 아무런 주제도 없고 중요하지도 않다. 청춘이지만 대화 자체에서 열정을 찾아볼 수 없다. 실제로 우리도 이런 장면들처럼 살아가고 있다. 친구들과 밥을 먹으면서 서로를 격려해주지 않거나 서로 무관심하기까지 하다. 대화의 주제도 사회, 생활과 관련된 것이 아닌 날씨, 감자와 같은 사소한 것들이다.

상실감의 본질은 반사회적이다.

상실감을 느끼는 사람들의 사회교류 방식은 일본 소설가 다자이 오사무 저서 《인간 실격》에서 엿볼 수 있다.

"이 세상 사람들은 모두 말할 때, 빙빙 돌려 말하거나 대충 얼버무린다. 자기가 한 말에 책임지지 않으며 말 자체도 복잡하고 미묘하다. 아무런 성과를 얻지 못할 일에 노력하는 것을 경계하고, 매사에 깊게 고민하지 않는다. 정말 혼란스럽지만 내가 할 수 있는 건 그들이 하는 대로 맞춰주고, 우스갯소리를 해대면서 어물쩍 넘어가거나 조용히 고개를 끄덕이는 것뿐이다. 상대방이 어떤 행동을 해도 신경 쓰지 않고 패배자의 부정적인 자세를 취하면 된다."

만약 소설 속 서술이 당신이 사회생활 하는 모습이라면 당신은 정말 상실감에 빠져 있는 것이다.

(5) 일상생활 태도 : 지금만 그럭저럭 되는 대로 살아가는 게 아니라, 내일도 모레도 되는 대로 살아가는 게 인생이야.

난관에 부딪혔을 때, 보통 사람들은 만사의 시작이 늘 어려운 것이라며 자신을 다독인다. 그러나 상실감을 느끼는 사람들은 만사의 시작이 어렵고, 중간 과정도 어렵고, 결말은 더 어렵다고 생각한다. 그만큼 자기 자신에 대한 평가도 낮지만, 삶에 대한 기대도 낮다.

미국 애니메이션 '보잭 홀스맨'은 모든 사람의 내면을 '젤다'와 '조이' 두 가지로 설정했다. 젤다는 밝고, 재미있고, 외향적이며 항상 열정이 넘친다. 조이는 젤다와 정반대다. 똑똑하지만 비판적이고 냉소적이다. 극중 피넛버터는 전형적인 조이다.

"이 우주는 잔혹하고 매정해. 행복은 삶의 의미를 찾는 것이 아니야. 잡다한 일을 하면서 바쁘게 살다가 죽는 거야."

상실감을 느끼는 사람은 행복을 추구하지 않는 게 아니다. 절망이 그들에게는 행복이다.

만약 이 다섯 가지 대입 기준이 모두 와 닿았다면, 당신은 커다란 상실감에 빠져 있다. 하지만 걱정하지 말자. 이번 장의 목적은 당신의 상실을 전이시키려는 목적이 아니다.

어떻게 상실감을 다뤄야 할지 알려주고, 상실감이라는 감정을 올바르게 인식하도록 도와줄 것이다. 정확하게 알아야 당당하게 상실감을 느낄 수 있으니 말이다.

상실감은 완전히 나쁜 것만은 아니다. 상실감은 우리에게 복잡하고 다양한 감정을 갖게 했고, 짧고 굵은 힐링 문구들에 현혹되지 않을 힘을 주어서 끝에는 진정한 삶의 희망을 주었기 때문이다.

상실감을 표현하는 것 중에 '자조'라는 게 있다.

'자조'라는 감정은 유도 기술에서 '브레이크 폴'과 비슷하다. 브레이크 폴은 바닥에 내쳐질 때 팔이나 다리로 충격을 흡수하면서 떨어지는 기술로 부상을 줄일 수 있다. 자조는 일상생활에서 받는 스트레스를 완화해 준다.

포도 한 송이가 있다. 한 사람은 맛있는 것만 찾아 먹었고, 또 다른 사람은 가장 맛있는 부분을 마지막까지 남겨두었다. 이를 관찰한 사람들은 첫 번째 유형은 포도의 가장 맛있는 것만 먹었기 때문에 낙관적인 사람으로 판단했다. 그리고 두 번째 유형의 사람은 맛없는 부분을 먹었기 때문에 비관적일 것이라고 인식했다. 하지만 결과는 정반대였다. 첫 번째 사람은 추억만 남겼지만, 두 번째 사람은 아직 희망이 있기 때문이다.

 이 정도는 알고 다니자!

상실감을 느끼는 사람들에게는 자기평가가 낮고, 일에 대한 희망이 없고, 졸음과 불면이 동시에 있고, 반사회적이고, 행복을 기대하지 않는 특징이 있다.

당황하지 마라,
괴테도 방황하는 청춘이었다!

'방황'과 '절망'은 이 시대를 살아가는 청춘들의 특권이라고 생각하는 사람들이 많다. 그러나 이런 현상들은 200년 전에도 특별한 방법으로 성행했었다. 괴테가 스물다섯 살에 쓴 소설《젊은 베르테르의 슬픔》에 고스란히 드러난다.

"한 젊은 남자가 목적도 없이 예술가인 척 도시를 거닐고 있다. 그는 무도회에서 만난 여성에게 첫눈에 반하는데, 사실 그녀에게는 약혼자가 있었다. 그는 한 고등법원에서 수습 생활을 한다. 평소 귀족과 관직에 있는 사람들에게 불만이 있지만, 딱히 해결할 방법은 없다. 다시 익숙한 도시로 돌아왔지만, 그가 사랑했던 여인이 유부녀라는 사실을 알게 된다. (중략) 끝내 젊은 남자는 자살로 생을 마감한다."

1774년 이 소설이 처음 등장했을 때 수많은 논쟁이 일어났다. 비평가들은 주인공에게서 배울 점이 없으며, 시사하는 바가 아무것도 없다고 말했다. 심지어 어떤 도시에서는 이 책이 금서로 지정되기도 했다. 당시에는 부정적인 감정이 잘 받아들여지지 않았다. 교회는 말과 글로 괴테를 비난했다. 이에 괴테는 "사람은 가슴속의 괴로움을 표현해야 한다."라며 반박했다. 이 소설은 괴테의 반자서전과 다름없다.

괴테는 젊은 시절, 베르테르처럼 고등법원의 수습생이었다. 하지만 법률 분야에서 일하는 걸 좋아하지 않은 데다, 이미 약혼한 여성을 좋아했다. 그녀의 이름이 샤를로테였는데 소설에 나오는 여주인공과 일치한다.

괴테는 그녀에게 약혼자가 있다는 것을 알게 된 후, 편지 형식으로 된 《젊은 베르테르의 고뇌》를 썼다. 그가 편지를 쓴 상대가 실제로 존재하는 인물인지는 알 수 없으나 자신의 마음속 괴로움을 쓰는 게 편지의 목적이었다. 괴테에게 있어 글이란 감정의 돌파구였고, 그러면서 소설 속 주인공 베르테르와 다르게 살아갈 수 있었다고 말했다. 괴테 자신의 괴로움을 써냈으며, 당시 청년들의 괴로움을 동시에 대변하고 있었기에 많은 사랑을 받았다.

스물다섯 살 괴테는 하루아침에 유명해졌다. 베르테르는 젊은 사람들의 정신적인 우상이 되었고, 책 속에서 베르테르가 입었던 옷도 함께 인기를 끌었다. 소설의 성공 뒤에는 관심을 둬야 할 사회현상이 있었다. 과거나 현재, 괴테 혹은 그 누구라도 젊은 시절에는 방황한다. 그리고 지금도 방황하고 있다.

그렇다면 가장 혈기왕성하고 전도유망한 청춘들이 방황하는 이유는 무엇일까? 청년들이 반드시 겪어야 하는 심리적 성장은 어느 정도 방황을 해야 비로소 완성되기 때문이다.

당신은 유년기에서 청년기로 넘어가는 기점을 기억할 수 있겠는가? 어떤 순간, 어떤 일화든 아무런 근심 걱정도 없던 시절이 지나가는 느낌을 받은 적이 있을 것이다. 여기서 말하는 '아무런 근심 걱정이 없다는 느낌'은 부정적인 감정이 하나도 없는 것은 아니다. 케이크를 먹지 못했다거나 만화영화 보는 시간을 놓쳐서 울었을 수도 있고, 사회적 가치관에 아무런 문제를 제기하지 않고, 앞으로 사회에서 인정받는 성인이 되기를 바랐을 수도 있다. 그래서 우리 모두는 어린 시절에 "사회에서 쓸모 있는 사람이 되자."라는 가치관을 따르고 과학자나 소방대원이 되기를 소망했을 것이다.

이런 어린 시절의 사회적 가치관에 대한 긍정적인 생각이 우리를 사회인으로 성장하게 한다. 사회성을 지닌 동물에게는 바람직한 모습으로 성장하고 싶은 본능이 있다. 방황하는 어린이를 만나기는 어렵다. 대부분의 어린이는 장난치는 것을 좋아하고 말을 듣지 않는다. 그러나 이런 행동은 모두 관심을 받기 위한 것이고, 어린이들은 사회가 정해놓은 가치관에 도전하는 게 아니어서 청춘의 방황과는 완전히 다르다.

어린 시절의 본능을 커서도 계속 유지하면 사회 개방성은 낮아지고 만다. 극단적으로 말해 고릴라처럼 권력에 복종하고, 질서를 지키면서 변화와 발전이 없는 동물처럼 살아가고 만다는 것이다. 그래서 청춘 시절에 '정신적인 무언가를 토해내는 행위'를 경험해야 한다. 그러면 아무런 생각 없이 받아들였던 가치관들에 질문이 생기고, 그 가치관에 반항하기도 한다. 정신적인 충돌과 갈등을 토해내는 행위의 결과가 바로 방황이다.

그렇다면 모든 청년이 방황의 과정을 거쳐야 하는데, 왜 청춘의 방황은 괴테 같은 위인이나 청춘들에게만 일어나느냐고 묻는 사람도 있을 것이다. 그렇다, 모든 청년이 방황에 빠지지는 않는다. 모든 시대에 '방황'으로 대표되는 질문과 성찰, 개방이 필요하지 않기 때문이다. 인류 역사상 가장 길었던 시기에서 경직, 폐쇄 등 상대적으로 보수적인 성격들은 사회를 보호하는 기능을 했고, 요즘 우리가 주장하는 '개방'은 사회에 치명상을 입히는 경우가 많다.

진화심리학에서 인격 개방성의 높낮이는 소속된 인류 사회집단의 초기 문화교류와 관련이 있다고 여겼다. 개방성이 높은 단체는 외부 사람들과 문화를 포용하고 더 많은 자원과 기술을 얻었지만, 외부에서 온 질병에 쉽게 걸렸다. 그리고 개방성이 낮은 집단은 자신의 집단을 안전하게 보호했지만, 문화와 기술의 발전은 더뎠다. 70여 개 국가의 역대 전염병에 관한 통계 결과에서 말라리아, 흡혈충, 폐결핵, 뎅기열 등 심각한 전염병이 걸릴 위험이 큰 지역의 사람들은 개방성이 낮고 매우 보수적이었으며 질서가 잘 유지되어 방황에 빠지지 않았다.

같은 방법으로 질병 감염률에 따른 인격의 진화과정에 대해 모의실험을 했다. 역시 감염률이 높을 때, 개방성 높은 사람이 집단에 있을 비율은 낮았다. 자신을 지키기 위해 사회는 주동적으로 개방성을 낮춰야 하기 때문이다. 청춘 시절에 겪는 기술과 사회제도가 갖는 방황이 오늘날의 발전을 이루게 했다. 방황이 유행하는 건 우리 사회가 위험을 감당하는 능력을 갖추었고, 청춘들 역시 조금 더 유연하고 개방적이며 가능성을 가진 인격체가 될 준비를 마쳤다는 걸 의미한다.

반대로 청춘 시절에 방황하지 않으면 사회는 점점 활력을 잃어버리게 된다. 1940년대 미국인들은 전쟁의 두려움에 떨고 있었다. 그들은 권력을 부러워했고, 미국 청년들의 방황과 절망을 비난했다. 《샬롯의 거미줄》을 쓴 동화작가 엘윈 브룩스 화이트E. B. White에게 한 미국인이 말했다.

"다큐멘터리 속 젊은 독일 병사들은 훤칠한 외모와 굳건한 정신력, 적극적인 자세를 얼마나 가졌나요! 영화를 보고 음악을 들을 줄만 아는 우리 미국 청년들을 보면 막막하기만 합니다."

화이트는 놀랐지만 의연하게 답했다.

"청춘들에게 방황하고 탐구하고 반항할 권리가 없다는 건 있을 수 없습니다. 그건 소리 없이 다가오는 독재자에게 침묵하고, 미국을 무너뜨리는 상황을 보고만 있으라는 것과 같습니다."

청춘의 방황을 불편하게 바라보는 시각도 있다. 그러나 사회적인 관점에서 청춘의 방황은 폐쇄적인 인식에 반발하고, 문화적인 개방을 갖추게 할 중요한 힘이다. 개인의 관점에서 청춘기에 하는 고뇌와 방황은 필수적인 심리발달 과정이다. 어린 시절에 형성한 사회가치관을 청춘기에 다시 깨뜨리면서 한층 더 고차원적인 가치관을 가진 사회인으로 성장한다.

지식조각블록 이 정도는 알고 다니자!

방황은 정신적인 무언가를 토해내는 행위다. 아무런 생각 없이 받아들였던 가치관에 질문을 던지고 반항하면서 우리는 고차원적인 가치관을 가진 사회인으로 성장한다.

사람이
왜 즐거워해야 할까?

"좀 웃을 수 없어?"

인상을 찌푸리고 있는 사람들이 자주 받는 질문이다.

그러나 이런 질문을 받은 사람은 "내가 왜 웃어야 하지?"라고 도리어 반문할지도 모른다. 많은 사람이 즐거워 보이지 않으면 무슨 나쁜 일이라도 당한 것처럼 생각한다. 그러나 진짜 불행한 건 즐기는 것 자체에 기운이 생기지 않고 즐거운 일이 별 의미가 없다고 생각하는 것이다.

그렇다. 누구나 생각하듯 즐거움 자체는 별거 아니다.

철학이라고 하면 항상 따라오는 질문이 있다.

"당신은 배고픈 소크라테스와 배부른 돼지 중에 무엇이 되고 싶은가?"

영국의 철학가 존 스튜어트 밀John Stuart Mill은 배부른 돼지보다 배고픈 소크라테스가 낫다고 대답했다. 철학가의 전반적이고 깊은 사유능력은 그 자체만으로도 고상하고 투철한 즐거움이기 때문에, 돼지들 사이에 뒤섞여 먹으면서 고상함을 버리는 것보다 낫다는 말이다. 밀은 행복에 등급이 있다는 중요한 개념을 설명했다. 행복 등급에서 돼지가 음식을 먹으면서 얻는 '쾌락'의 등급은 거의 최하위를 차지하고 있다.

철학가는 쾌락을 좋아하지 않는데 과학자도 마찬가지다. 1993년, 캐나다 맥길대학의 두 학자가 실험을 통해 한 가지 사실을 발견했다. 대뇌의 어떤 영역에 전기 충격을 가하자 무척 좋아하는 실험용 쥐가 있었다. 그래서 '즐거움'을 만들어내는 영역이 뇌에 있을 수도 있다는 가설을 세우고 쥐를 실험상자로 옮겼다. 상자 속에 있는 지렛대를 누르면 실험용 쥐의 뇌 속에 주입한 전극에서 전기를 내보냈다.

학자들은 신기한 광경을 목격했다. 지렛대를 계속 누르자 어떤 쥐는 먹는 걸 잊어버렸고, 어떤 쥐는 갓 낳은 새끼 쥐가 옆에 있다는 사실도 잊어버렸다. 지렛대를 빠르게 누르면 연로한 쥐는 죽기도 했다. 쥐들이 전기가 통하는 전기 철조망 위에서 뛰어다녀야 눌릴 수 있도록 지렛대를 평평한 전기 철조망 끝에 놓았다. 그 결과, 실험용 쥐들은 발이 전기에 눌어붙어도 전기 철조망 위를 뛰어다녔다.

과학자들은 이렇게 동물 대뇌의 쾌락 신경계를 발견했다. 그러나 어떤 쾌락이기에 발이 전기에 눌어붙는 고통과 목숨의 위험까지 마다하지 않는 걸까? 당시 연구자들은 대답하지 못했다.

훗날, 과학자들은 실험용 쥐들이 그만두려 해도 그만둘 수 없는 쾌락의 원천이 중뇌 변연계Mesolimbic pathway에 있다는 것을 알게 됐다. 중뇌 변연계 자극과 도파민은 관련이 있다. 도파민 물질이 바로 '쾌락 물질'이다. 그러나 2001년, 스탠퍼드대학의 심리학과 브라이언 크넛슨Brian Knutson 교수는 도파민은 사람들이 쾌락을 기대하고, 쾌락을 얻기 위해 적극적으로 행동하게 만든다고 말했다. 그러면서 도파민은 인체에 직접 쾌락을 줄 수 없다고 지적했다.

쾌락을 위해서는 자극이 동반되어야 한다는 사실이다.

한 가지 예를 들어 보겠다. 어느 회사에서 특출 나게 열심히 일하는 직원에게 상금을 수여하겠다고 공지했다. 그러자 직원들은 상금을 받을 수 있다는 기대감 때문에 적극적으로 업무에 임하고, 일찍 출근해서 늦게 퇴근했다. 아직 상금을 받지 못했지만, 받을 수 있다는 기대감 때문에 열심히 일한 것이다. 그런 당신은 정말 행복할까? 보상을 받지 않았기 때문에 행복하다고 말하기는 어렵다. 그러나 보상을 받을 것이라 기대하고 있기 때문에 불행하다고도 말하기 어렵다.

이 사례 속의 상금을 '꿈', '선물 옵션', '자유 재산' 등의 사물로 바꾸면 열심히 야근하는 당신의 모습이 발이 눌어붙으면서도 전기 철조망 위를 뛰어다니던 실험용 쥐들과 다를 게 무엇인가? 중뇌 변연계를 자극하는 시스템은 어디서나 쉽게 볼 수 있다. 크게는 보너스를 타는 행위고, 작게는 스마트폰 스크롤을 끊임없이 내리며 SNS에서 사람들과 교류하고 게임을 하는 행위다. 모두 '기대'라는 심리를 이용해 당신을 적극적으로 움직이게 만들고, 보상에 취하게 만든 것이다.

철학가가 당신에게 쾌락에 관해 물었을 때, 쾌락은 별거 아니라고 생각했을지 모른다. 그러나 과학자가 쾌락을 풀어서 설명하면, 쾌락은 전도유망한 직장, 즐길 수 있는 게임, 긍정적 에너지를 심어주는 말 등 당신이 생각했던 쾌락은 전혀 쾌락이 아니라 쾌락에 대한 기대일 뿐이라는 걸 알게 될 것이다.

그러면 우리는 불행한 것일까?

물론 아니다. 쾌락의 본질을 이해해야 "사람은 반드시 행복해야 해."라는 언어 함정에 갇히지 않을 수 있다.

고대 철학은 사람이 누려야 할 '좋은 생활'이 무엇인지에 대해 분석했다. 쾌락을 추구하는 것, 의미를 추구하는 것은 인생관의 선택에 따라 달라졌다. 관점은 크게 두 가지로 나눠진다. 쾌락주의와 도덕론이다.

쾌락주의 사상은 고대 그리스 퀴레네 학파의 아리스티포스^{Aristippos}에 의해 시작됐다. 그는 삶의 목적이 최고의 쾌락을 경험하는 데 있고, 삶의 행복은 한 사람이 가질 수 있는 모든 쾌락의 총체라고 말했다. 영국의 철학가 토마스 홉스^{Thomas Hobbes}는 행복은 만족을 얻을 수 있는 한 사람의 모든 욕망이라고 말했다. 현대 심리학자 중에 비슷한 관점을 지닌 사람들도 행복은 한 사람의 긍정적인 감정 경험의 총체에서 부정적인 감정의 총체를 제거한 뒤 얻을 수 있는 값이라고 말했다. 즉, 행복한 경험이 불행보다 많다는 말이다.

덕성론자^{德性論者} 입장에서 행복의 정의는 조금 더 복잡하다. 그들은 쾌락주의는 좋은 건 쫓고 나쁜 건 피하는 배부른 돼지 같으며, 인간의 행복은 이런 본능을 넘어선 더 고상한 심리작용이라고 말했다. 심리학자 리처드 라이언^{Richard Ryan}과 에드워드 데시^{Edward L. Deci}는 덕성론의 기초에서 인간이 행복해지기 위한 다음 세 가지 조건을 발표했다.

① 유능감Competence : 내가 능력이 있는지

② 관계성Relatedness : 다른 사람에게 인정을 받고 있는지

③ 자율성Autonomy : 내 인생을 스스로 선택하고 있는지

쾌락주의 행복은 쉽게 얻을 수 있다. 중뇌 변연계를 끊임없이 자극하면 된다. 영화를 보고, 게임을 하고, 물건을 사는 등 긍정적인 경험과 부정적인 경험이 균형을 이루는 상태에 도달하면 된다. 그러나 덕성론의 행복은 얻기 어렵다. 눈앞에 있는 즐거움을 포기하고, 자아 구축과 성장을 위해 노력하고, 어려운 일에 도전하는 등 어느 정도의 고생이 뒤따른다.

앞에서 젊은 사람들이 왜 무엇을 해도 마음에 들지 않고, 기운 없이 멍하고 실망스러운 단계를 겪을 수밖에 없는지 이야기했었다. 반드시 거쳐야 하는 한 사람의 심리발달 과정이다. 부정적인 것만도 아니어서 사회 전반적으로 유연하고 개방적인 태도를 유지할 수 있다는 장점이 있다.

무기력함이 어디서 온 건지 이제는 분명해졌을 것이다. 사람들은 소소한 즐거움에 더 이상 만족하지 못하면서 자기 능력을 증명해야 하는 것은 버겁고, 타인의 인정을 받는 것은 어렵고, 인생을 어떻게 살아가야 할지 모를 때 엄청난 모순과 불안을 느낀다. 자아탐구 과정에 나타나는 부정적인 감정은 지극히 정상적인 현상이며, 자기 인정의 괴로움 때문에 소소한 즐거움에 만족하지 못하고, 더 고차원적인 보람을 추구하기 위해 반드시 감당해야 하는 대가다.

보람을 얻기가 이토록 어려운데 굳이 찾아 나서야 할까?

그렇다. 우리는 다시 처음에 언급했던 밀의 대답으로 돌아가야 한다.

밀이 말하지 않았던 한 가지는 당신이 진정으로 소소한 행복을 추구할 가치가 없다고 느끼고, 배부른 돼지로 돌아가고 싶다고 생각하더라도 사실상 돌아갈 수가 없다는 것이다. 심리적인 성장은 퇴로가 없다. 성인은 아이를 이해할 수 있지만, 성인은 아이로 되돌아갈 수는 없다. 소소한 행복이 심리적인 공허함을 채울 수 있다고 생각하지 말자. 무기력과 공허함이 진정으로 지향하는 건 고차원적인 의미를 구축하는 것이다.

지식조각블록 이 정도는 알고 다니자!

무기력의 반대말은 유기력이 아니라 소소한 행복이다. 소소한 행복은 잠시 시름을 덜 수 있지만, 무기력은 마음속의 공허함을 안정적으로 채우고, 당신이 고차원적인 의미를 구축하도록 도와준다.

부정적인 것도
나쁘지만은 않다

긍정적인 사람이 부럽지 않은가? 항상 웃으면서 낙관적이고 자신 있게 살아가는 모습이 부럽지 않은가? 운 좋은 사람이 될 수는 없지만, 포기를 모르고 긍정적으로 살아가는 사람이 돼야 할 것 같은 기분에 가족이나 친구들의 관심과 축복을 거절하기가 어렵지 않은가?

이런 부정적인 감정은 긍정적인 의미를 지니기 때문에 그들을 부러워 할 필요가 없고, 죄책감을 느낄 필요도 없다.

믿지 못하겠다면 사람이 얼마나 많은 감정을 가졌는지 생각해보자.

선인先人들은 인간에게 일곱 가지 감정七情과 여섯 가지 욕망六慾이 있다고 했다. 일곱 가지 감정은 기쁨喜, 분노怒, 근심憂, 생각思, 슬픔悲, 두려움恐, 놀람驚이다. 이중 기쁨을 제외하고는 모두 부정적인 감정이다. 한 심리학자는 인간의 기본 감정은 기쁨, 두려움, 분노, 슬픔, 놀라움, 싫어함이 있다면서 기쁨과 놀라움을 제외하고는 다소 부정적인 감정이라고 말했다.

우리는 긍정적인 기분보다 부정적인 기분을 감별해내는 능력이 훨씬 더 뛰어나기 때문에 부정적인 감정을 묘사하는 다양한 표현들이 존재한다. 생물의 진화과정에서 생존이나 번영에 해로운 것들은 계속해서 살아남기가 어렵다. 부정적인 감정이 모두가 생각하는 것처럼 득보다 실이 크다면, 왜 지금까지 남아있을까? 부정적인 감정은 우리가 살아가는 데 매우 중요한 작용을 하고 있다. 부정적인 감정마다 진화의 특별한 의미가 있다.

예를 들어 두려움은 우리를 위험에서 멀리 떨어뜨려 개인이나 집단의 생존확률을 높여준다. 부족을 이루며 살아가던 시절에 모두가 대담하고 위험을 두려워하지 않았다면, 그들이 기나긴 진화과정에서 살아남을 수 있었을까? 아마 맹수가 나타나도 도망가지 않고, 낭떠러지에서도 멈추지 않고, 어떤 열매든지 무조건 따먹고, 혹한기 추위나 무더운 날씨를 가리지 않고 외출했다면 진즉에 목숨을 잃었을 것이다. 반대로 인간은 두려움을 느끼기 때문에 맹수의 위협을 피할 수 있고, 지금까지도 유전자를 전달하며 살아남을 수 있었다. 아기가 태어나자마자 뱀을 보고 두려워하는 것은 유전자 속에 남아있는 생존본능일지도 모른다.

대표적인 부정적 감정 분노는 주동적으로 위협 요소를 없애는 행위다. 분노와 관련된 말들을 떠올려보자.

"화가 머리끝까지 치밀어 올랐어."

우리는 긍정적인 기분보다
부정적인 기분을 감별해내는 능력이
훨씬 더 뛰어나기 때문에
부정적인 감정을 묘사하는
다양한 표현들이 존재한다.

"분노를 참을 수 없어서 이를 악물고서라도 끝장을 보겠어."

"죽기 아니면 살기야."

말로 형용할 수 없는 분노의 힘은 바꾸기 어려운 상황에 도전할 수 있도록 우리의 잠재 에너지를 자극한다.

우울은 어떤가. 우울한 상태는 어떤 장점이 있을까? 우울한 상태에 있는 사람들은 비관적인 각도에서 문제를 생각한다. 활력이 부족하고, 자책, 죄책감, 무기력 등을 동반하기 때문에 사람들은 이런 우울한 상태에 빠지지 않길 희망한다.

그러나 1979년, 한 연구를 통해 우울함에 대한 새로운 인식이 생겨났다. 연구자는 특수한 스위치와 전구를 설치했다. 스위치를 켜면 전구가 밝아질 수도 있고, 밝아지지 않을 수도 있다. 그러나 스위치로 전구가 켜질 확률은 고정적으로 설정했다. 그리고 대학생 그룹을 연구 대상으로 불러 여러 차례 전구를 켜고 끄기를 반복하도록 한 뒤, 스위치가 전구를 켠 확률을 평가하도록 했다. 연구원들은 우울한 사람들이 상대적으로 확률을 잘못 계산할 것이라고 예상했다. 그러나 결과는 예상 밖이었다. 우울한 학생들도 정확하게 전구가 켜지는 확률을 계산해냈고, 그다지 우울하지 않은 학생들은 실제보다 더 높은 확률로 정확하게 계산했다.

많은 연구 결과, 평범한 사람들이 긍정적 착각과 자기기만에 빠지기 쉽다고 말했다. 어느 학자가 설문조사를 진행했다. 조사대상자들에게 자신이 앞으로 실직하거나 병에 걸리거나 교통사고, 범죄 등의 부정적인 사건에 연루될 것 같으냐고 질문했다. 그러자 대부분이 이를 부정했다. 다시 말해 평범한 사람들은 대부분이 지나치게 긍정적인 나머지 외부의 위험을 낮게 평가하고, 자신의 능력을 높게 평가하고 있었다. 주식 투기를 하는 사람들과 도박 중독자들이 다음 행운의 여신은 내게 올 것이라고 믿는 것도 위험에 대한 감지능력을 잃었기 때문이다. 적당한 우울함은 세상에 대한 인지능력을 키우고 조화로운 상태를 유지할 수 있게 도와준다. 그래서 이런 명언이 있다.

"비관적인 사람이 구명보트에 올라탈 수 있다."

 이 정도는 알고 다니자!

부정적인 감정은 사람에게 유익한 감정이기 때문에 지금까지 남아있는 것이다. 그 감정을 거부하기 전에 내밀하게 감춰진 위력을 발휘할 수 있도록 전환시켜라.

비관적인 생각은 당신의 약점일까,
아니면 방패일까?

"이번 시험은 완전히 망했어."

"시험공부를 하나도 못 했어."

"운 좋으면 턱걸이 정도는 하겠지?"

시험을 코앞에 두면 이런 말들을 자주 듣는다. 그런데 정작 시험성적이 나오면 그들의 이름은 앞쪽에 있다. 체육시간에 달리기 시합을 할 때도 위와 비슷한 상황은 연출된다.

"오늘은 몸 상태가 별로야."

"근육통 때문에 힘들겠어."

이들도 마찬가지로 가장 먼저 결승점을 통과하는 사람들이다.

직장 안에서도 이번 연봉 협상에 희망이 없다고 연막을 치는 사람이 가장 먼저 진급한다. 곁에서 보고 있자면 뒤통수를 맞은 것처럼 배신감이 들기도 한다.

그들이 겸손하다고? 겸손이 지나쳐서 위선적으로 보인다. 그러나 경쟁 상대들이 방심하도록 연막탄을 쏘는 이중적 사람들이라고 치부하지 마라.

당신도 시험이나 시합 전에 자신이 뛰어난 사람이기 때문에 무조건 좋은 성적을 거둘 것으로 진심으로 생각하지 않을 테니까. 매번 불확실함 때문에 근심하고 초조했던 기억이 있을 것이다. 그렇다면 당신도 그와 같은 말을 은연중에 내뱉는다. 위선적이고 가식적이기 때문에 그런 말과 행동을 하는 것은 아니다. 바로 '방어적 비관' 심리 때문이다.

방어적 비관이 무엇인지 알아보기 전에, 왜 사람들이 자기 자신에게 만족을 느끼는지 알아야 한다.

황즈중이 대학에 다닐 때, 인근 초등학교와 협력해서 한 가지 실험을 했다. 학생들에게 탁구채와 공을 주면서 떨어뜨리지 않고 허공에서 공 튕기기를 해보라고 했다. 먼저, 종이에 자신이 공을 몇 번 튕길 수 있을지 적은 다음 공을 튕기기로 했다.

몇몇 학생들은 교실로 돌아오자마자 실력 발휘를 제대로 하지 못했다고 불만을 터뜨렸다. 그리고 몇몇 학생들은 제법 잘 쳤다며 만족했다. 흥미롭게도 불만을 터뜨린 학생들의 성적이 비교적 높았다. 그런데도 그들이 자기 성적에 불만족스러워한 것은 종이에 적어낸 자신들의 목표치 때문이었다.

예를 들어 50회 이상 공을 튕긴 성적이 학생 중에 최고로 우수한 성적이었는데, 그 학생은 종이에 100회의 공을 튕길 수 있다고 적었다. 그래서 최상의 결과가 나왔지만 만족하지 못했다. 반대로 가장 기뻐했던 학생은 공을 5회밖에 튕기지 못했다. 이 학생은 단 한 번도 탁구공 튕기기를 해보지 않았기 때문에 종이에 0회라고 적었던 것이다.

여기서 사람의 기분은 객관적인 결과가 좋고 나쁨에서 결정되지 않는다는 걸 알 수 있다. 기대치가 높은지 낮은지가 핵심이다. 만약에 결과가 기대보다 높으면 기쁘고, 반대라면 속상하다. 사람들은 의식적으로나 무의식적으로 '방어적 비관'을 반대로 이용한다.

복습을 거의 안 했다, 실력 발휘를 잘하지 못했다, 몸이 안 좋다 등의 이유로 결과에 대한 기대치를 주동적으로 낮춘다. 이렇게 해야 결과가 나빠도 심한 타격을 받지 않고, 결과가 좋으면 훨씬 긍정적인 기분을 느낄 수 있다.

이제 왜 이렇게 주변에 방어적 비관주의자가 많은지 알겠는가? 당신을 방심하게 만들기 위해서만 연막탄을 쓰는 게 아니다. 너무 초조해서 연막탄으로 자기 자신을 속였을 수도 있다.

그렇다면 방어적 비관과 비관은 어떤 차이가 있을까?

낙관은 결과가 좋을 것이라 확신하고, 비관은 결과가 나쁠 것이라 확신한다. 그리고 방어적 비관은 결과가 나쁠 수도 있다고 생각한다. 다시 말해서 기대를 낮추기 위한 방어적 조치다. 그래서 비관주의자들은 무언가에 도전하는 걸 싫어하는 경향이 있지만, 방어적 비관주의자들은 최악의 상황을 계산하고 시도한다. 이들은 비관주의자들처럼 소극적이고 게으르지 않다. 성공이 주는 짜릿함보다 실패의 두려움이 그들을 더 열심히 노력하게 만들기 때문에 어떤 때는 낙관주의자들보다 더 성실하기도 하다.

방어적 비관주의자들은 실패하지 않기 위해 두 배로 더 노력한다. 이게 바로 시험이나 시합 전에 "망했어."라는 말을 입에 달고 살지만, 오히려 준비를 가장 많이 한 이유다. 그들은 일부러 거짓말을 하는 위선자가 아니다.

다른 사람들보다 실패에 더 예민하고, 능력을 평가하는 부분에서 자신을 지키고 싶은 강한 욕망을 가진 방어적 비관주의자일 뿐이다. 우리는 그들이 자신의 약점으로 주변 사람들에게 아부하고, 경쟁에서 우위를 차지하려는 위선적이고, 교활한 사람들이라고 추측하고 경계한다. 그러나 그들을 향한 우리의 경계도 일종의 방어적 비관이 아닐까?

과거에 우리는 낙관이 근심을 덜어낼 수 있다고 믿었다.

좋지 않은 일이 생기면, '하늘이 무너져도 솟아날 구멍은 있어.'라고 억지로 생각했다. 수상한 사람이 나타나면 '나쁜 사람이 아닐지도 몰라. 세상에 좋은 사람이 얼마나 많은데.'라고 생각한다.

한 심리학자는 이런 낙관적인 태도로 근심을 덜어내는 건 결코 좋은 방법이 아니라고 말했다. 불확실함이 가득한 현실에서 "앞으로 더 좋아질 거야."라는 막연한 믿음은 아무런 도움이 되지 않는다고 확신하는 발언이다.

근거 없는 낙관은 사람을 방심하게 만들어 언제든지 실패의 함정에 빠질 위험성을 내포하고 있다는 것이다. 오히려 방어적 비관이 열심히 노력하는 원동력을 부여하고, 긴장을 푸는 데도 도움이 된다고 했다.

그래서 요즘에는 누군가에게 조언할 때, "걱정하지 마. 하늘이 무너져도 솟아날 구멍은 있고, 비 온 뒤에 땅이 굳는다고 했어."라고 말하는 건 전혀 도움이 되지 않는다. "걱정하지 마. 지금 이건 아무것도 아니야. 나중에는 더 심할 수도 있어!"라고 차라리 이렇게 말해주는 게 더 좋다.

물론 방어적 비관 그 자체가 그저 좋다는 것은 아니다. 지나친 방어적 비관은 자기를 한계에 빠지게 할 수도 있다. 살아가면서 다음과 같은 말을 많이 들어봤을 것이다.

"열심히 하지 않아서 그렇지, 열심히 하면 결과는 더할 나위 없이 좋을 거야."

'열심히'라는 단서가 달렸지만 희망을 주는 말이다. 그러나 모든 상황에 적용되지는 않는다.

만약 당신에게 아이큐 테스트를 할 거라고 말한 뒤 시험지를 건네면 당신은 대충 대답해서 평가를 회피할 것이다. 결과를 두려워하기 때문에 대충했다는 핑곗거리를 만들어놓는다. 그렇지만 반대로 심심풀이로 해보는 거라고 말하면서 시험지를 내밀면 당신은 매우 진지하게 임할 것이다.

부담이 없을 뿐더러 대충했다고 믿는 이들에게 자신을 과시하고 싶은 욕망도 작용했기 때문이다.

우리가 어떤 일을 거의 못 한다고 예상하면, 자신의 능력이 아니라 그 순간의 바람을 문제에 표출한다. 그래서 많은 사람들이 함정에 빠진다. 목표 달성을 저지해서 바랐던 대로 실패하고 만다. 이게 바로 자신의 한계 행위다.

좋은 결과를 얻지 못할까 봐 두려워서 애초에 열심히 하지 않거나 아예 하지 않는다. 자신의 한계 행위와 방어적 비관은 모두 긍정적인 기분을 지키기 위해 기대치를 낮추는 것이다.

그렇다면 어떻게 해야 자기 한계에 빠지지 않을 수 있을까?

진정한 방어적 비관주의자는 자기 한계가 우리의 적이 될 수도 있다는 점을 이미 알고 있기 때문에 자기 한계를 핑계 삼는 것 자체를 꺼린다. 그래야만 비관과 어깨를 나란히 하고 진정한 좌절에서 벗어날 수 있다.

 이 정도는 알고 다니자!

방어적 비관은 '결과가 나쁠 수도 있다.'라고 생각하고 기대치를 낮추는 행위다.

집, 자동차, 예금이 없는
삼무청년이 되지 않으려면?

첫째, 제대로 할 줄 아는 게 하나도 없다고 생각하는가?

남들에게 "나는 꿈이 있어."라는 말을 하기 어려운가? 처음부터 자기를 한껏 낮췄다가 결국 그렇게 만들어 버리지 않는가? 식은 죽 먹기처럼 쉬운 일도 스스로 운명을 바꾸기만큼 어렵다고 생각하는가? 당신은 미래가 없는 게 아니다. 단지, 당신은 무기력할 뿐이다.

둘째, 어떤 일에도 재미를 느끼지 못하고 있지 않은가?

TV는 안 본 지 오래됐고, 가끔 본다고 해도 계속해서 채널을 돌린다. 책도 읽지 않는다. 휴대폰은 애플리케이션으로 가득 찼으나 3분의 2는 한 번밖에 사용하지 않았다. 웹 드라마는 5분 정도 보다가 결말로 넘어가 버린다. 당신에게 즐거운 일 자체가 없는 게 아니다. 단지, 당신은 무료함을 더 크게 느낄 뿐이다.

셋째, 온종일 헛수고한다고 생각하는가?

악착같이 일해도 아무런 보람을 느끼지 못한다. 자신의 현주소와 목표 간의 거리가 조금도 좁혀지지 않는다. 아무것도 가진 게 없고, 마음도 텅 비었다. 당신은 자신이 무능력해서 아무것도 해놓은 것이 없다고 느낀 다. 단지, 당신이 자신을 무능력하다고 평가는 것뿐이다.

만약 제시한 이 세 가지처럼 무기력하고, 무료하고, 무능력하다고 느 낀다면 당신은 삼무청년三無靑年이다. 여기에서 말하는 삼무는 집, 자동 차, 예금이 없는 초조함에서 비롯됐다. 집, 차, 예금은 많이 노력하면 얻 을 수 있는 것이다. 그러나 무기력, 무료, 무능력함은 수입과 사회 계층에 상관없이 가지고 있는 생각이다. 어쨌든 이것에서 벗어나야 행복하게 살 아갈 수 있다.

그렇다면 무기력에서 벗어나려면 어떻게 해야 할까?

좌절과 실패만이 사람을 무기력하게 만든다고 생각하면 오산이다. 한 심리학자가 양로원의 노인을 대상으로 실험을 했다. 심리학자는 노인들 을 두 개의 조로 나눠서 실험을 진행했다.

1조는 먹고 자는 기본적인 생활부터 연극을 보고, 산책을 하고, 방문 객을 초대하는 등 적절하게 보살핌을 받았다. 2조는 "인생의 다채로움은 내가 만드는 것입니다."와 "노년을 어떻게 보낼지는 내가 선택합니다."라 는 고지를 받았다.

노인들이 매일 하는 일은 1조와 비슷하게 먹고 자는 기본적인 생활과 연극을 보고, 산책하고, 손님을 초대하는 것이었기 때문에 양로원 측은 최대한 협조해주었다.

3주 후, 보살핌을 받았던 1조 노인들의 건강은 평상시처럼 조금씩 약화되었지만, 원하는 대로 생활한 노인들은 정신건강과 신체건강이 모두 호전됐다.

노인들은 자기 생활을 직접 관리하는 힘이 점점 약해진다. 나이가 들어 점점 쇠약해지고, 죽음에 가까워지는 운명을 돌릴 수가 없기 때문에 노인들이 직접 자신의 생활을 지배하려는 의지는 점점 약해진다.

그러나 이 실험에서 2조의 노인들은 양로원 측의 도움으로 스스로 자기 인생을 지배하고 있다는 느낌을 얻었던 것이다. 이를 제2의 통제감이라고 한다.

'통제감'의 원래 의미는 한 사람이 객관적인 세상 기준이나 규칙, 사회적 환경이나 문화에 맞추기 위해 자신을 개조하는 것을 말한다. '제2의 통제감'은 자신이 주관적으로 세상을 바꿀 수 있다는 느낌이다. 이런 느낌은 운명과는 무관한 소소한 일에서 비롯되기도 한다. 예를 들어 깔끔하게 노트를 정리하는 것, 매일 집에 전화를 거는 것, 일기 쓰기, 식물 기르기, 애완동물 키우기처럼 쉽게 할 수 있으면서 자신의 생활을 지배하고 있다는 느낌을 줄 수 있는 일을 말한다.

만약 당신이 "노력하면 성공한다."라는 말을 믿고 노력했으나 아무런 성과나 성공을 거두지 못했다고 가정해보자. 이때 당신이 흘렸던 피와 땀, 눈물이 헛수고가 되었다고 느끼는 것은 제2의 통제감을 맛보지 못했기 때문이다. 한 가지만이라도 당신이 바꿀 수 있는 사소한 일상을 찾아보자. 당신이 지배력을 보일수록, 당신 인생에서 무기력은 멀어진다.

이번에는 무료함에 대항하려면 어떻게 해야 할지 알아보자.

인간의 대뇌는 1초에 최대 60비트^{bit}의 정보를 처리할 수 있다고 한다. 그만큼이 대뇌가 가진 집중력의 상한선이며, 대역폭이라고 부른다.

대뇌 대역폭은 중요하지 않은 일들로 분할된다. 예를 들어 이웃집 말썽꾸러기가 울고 있는 상황, 어제 남자친구와 다투었는데 어떻게 화해할지, 내일 클라이언트와의 미팅에 어떤 옷을 입고 나갈지에 대한 고민, 휴대폰에 와 있는 17개의 메시지와 28개의 푸시 알림 등의 정보들이 대역폭의 용량을 나눠 가진다. 분할된 상황이 많을수록 당신의 대뇌는 버벅거리기 시작하고, 둔해진다는 느낌을 받는다. 이런 느낌을 무료함이라고 한다.

무료함은 객관적이지 않고, 우리가 만들어내는 주관적인 느낌이다. 책을 읽을 때, 계속해서 방해를 받으면 아무리 재미있는 책이라도 흥미를 느끼지 못하는 것과 같은 이치다.

'몰입'은 흥미를 느낀다는 표현이자 자신을 기쁘게 하는 능력이다. 몰입해야 가능성을 얻고, 끊임없이 긍정적인 기분을 지속할 수 있다. 황즈중은 토론에 몰두하고, 후젠바오는 운동에 몰두하고, 저우쉬안위는 상상력을 발휘하는 데 몰두한다. 토론이 재미있을까? 이렇게 생각하는 사람은 거의 없을 것이다. 운동과 상상력 발휘도 마찬가지다. 그래서 그들은 일 자체가 재미있어서 몰두하는 게 아니라 기회와 일이 맞아떨어졌기 때문에 그 일이 재미있다고 인식하는 것이다.

소소한 일을 하면서 무기력에 대항할 때, 지루함과 무료함을 느낄 수 있다는 점을 주의하자. 그럴 때는 몰입의 방해요인을 제거해야 한다. 대뇌 대역폭의 한계를 생각하고 당신의 머리를 비우는 연습을 하라.

마지막으로 무능력에 대항하는 법을 알아보자.

몰입 자체는 좋은 행동이지만, 몰입에 맞는 일을 선택해야 한다. 그렇지 않으면 공허함을 느끼게 된다. 게임이 딱 그렇다. 대부분의 사람들은 게임에 빠져 시간가는 줄 모르고 몰입한다. 그 대가로 성취감을 얻은 적이 몇 번이나 있을까? 오히려 허비해버린 시간에 대한 허탈함만 물밀듯 밀려든 경험이 있을 것이다.

일에 지나치게 빠지는 것도 좋은 일은 아니다.

한 연구 결과를 보자. 연봉을 '시간' 혹은 '성과 건수'로 계산하는 방식으로 바꾼다고 하자, 사람들은 업무에 최대한 몰두했다. 그러나 어느 정도 시간이 흐른 뒤 사람들은 이전보다 더 이룬 것이 아무것도 없다는 걸 느꼈다. 눈앞의 일만 정신이 팔려 장기적인 계획을 신경 쓰지 않았기 때문이다.

눈코 뜰 새 없이 바쁜 사람들은 당장 급한 일만 신경 쓴다. 그래서 혼자 공부하고 계획할 시간을 점령당하고, 실질적인 업무효율이 떨어지게 된다. 돈이 없는 사람은 돈을 빠르게 벌 수 있다는 이유로 아무런 장래성도 없는 일에 목숨을 건다. 심지어, 사채를 써서 더 큰 손해를 입기도 한다. 그래서 가난한 사람은 평생 가난에 허덕이고, 바쁜 사람은 평생 피로에 쫓기는지도 모른다.

당신의 집중력을 빼앗아가면서 아무런 가치가 없는 일들은 공통점이 있다. 시간이 별로 걸리지 않을 것처럼 보인다는 것이다. 공식 계정의 즉각적인 피드백, 이기면 바로 레벨 업을 해주는 휴대폰 게임, 한 편만 보는 것으로 절대 끝나지 않을 인터넷 동영상 등이 그것들이다.

집중력을 빼앗기지 않으려면 몰입할 수 있는 일들을 찾아라. 삼무청년에서 벗어날 수 있는 기회다.

 이 정도는 알고 다니자!

무기력, 무료함, 무능력함에서 벗어나려면 제2의 통제감을 얻고, 어떤 일에 몰입해야 한다. 물론 몰입할 가치가 있는 일에 몰입해야 한다.

단순하게 살아라.
현대인은 쓸데없는 절차와 일 때문에 얼마나 복잡한 삶을 살아가는가?

- 이드리스 샤흐

6장

책을 읽으면
모두
똑똑해질까?

명쾌하게 생각하는 법

무식한 사람과 입씨름하고 싶은 사람은 아무도 없다.

기나긴 언쟁 끝에 당신은 상대에게 "너랑은 대화가 안 돼. 가서 책 좀 더 읽고 와!"라고 말할지 모른다. 어떤 문제해결책을 찾을 때 어느 정도 지식이 필요하다는 것은 사실이다.

그러나 당신과 언쟁을 했던 사람이 정말로 책을 읽고 온다면 상황은 전보다 더 끔찍해진다. 그들은 책에서 배운 지식을 기반으로 자기 논리를 뒷받침할 근거를 제시할 것이다. 설령 그것으로 잘못된 결론에 이르더라도 그것을 판단할 능력이 없기 때문에, 그는 자신의 실수를 인정하지 않는다. 들으면 들을수록 터무니가 없어 기가 막힐 노릇이지만, 당신에게는 별다른 해결책이 없다.

그렇다면 독서를 하며 교양을 쌓는다는 말은 틀린 말일까?

여기서 당신은 철학가 프랜시스 베이컨Francis Bacon의 "아는 것이 힘이다."라는 말 속에 담긴 "지식은 경험을 통해서 쌓는다."라는 깊은 뜻을 이해하게 될 것이다.

사람들은 책에 있는 자료가 인터넷에 무작위로 올라오는 자료보다 훨씬 더 신빙성 있고 권위가 있기 때문에 독서를 한다. 이런 신뢰를 바탕으로 책을 선택해 읽는 이유와 목적도 분명하다. 책 속에 있는 수많은 데이터 중 자신에게 필요한 정보를 취하고 빠르게 뇌에 입력한다.

실제로 비행기를 타기 전에 책을 구매해 비행시간 동안 읽은 뒤, 내릴 때 버리는 사람을 본 적이 있다. 이들에게 책은 옆자리에 앉은 입담 좋은 사람이다. 옆자리에 앉은 사람과 대화를 나누면서 재미있거나 유익한 내용을 기억하는 것처럼 책에 언급된 지식 중에서 자기에게 유용한 내용만 습득한 후 나머지는 잊어버리는 것이다. 자료를 얻는 실용적 독서의 대표적인 사례다.

이번 장에서는 지식 확장으로는 바꿀 수 없는 것들, 아는 게 많을수록 쉽게 저지르는 실수, 일상생활에서 흔히 일어나지만 생각해보면 조금은 특이한 현상들을 다룬다. 자료 형식으로 존재하는 정보화 시대에 넘치는 지식을 습득하고도 고민하는 문제들이다.

"인터넷으로 수집할 수 있는 관련 자료와 관련 연구 결과가 차고 넘치는데, 어째서 여전히 이해하지 못하는 일이 많을까?"

"아는 것이 많고 경험도 많은 사람이 어째서 자기 자신을 정확하게 알지 못하고, 또 잘못을 인정하지 않을까?"

이런 문제에 관심이 있다면 집중해서 읽어보자. 당신은 똑똑한 사람으로 거듭날 수 있다. 생각에서 비롯된 모든 고질병을 해결하지는 못하겠지만, 우리가 흔히 저지르는 생각의 오류를 해결하는 능력은 키워질 것이다.

아무리 싸워도
결론이 안 나는 이유가 뭘까?

대화를 나누다가 서로 의견이 충돌하면 상대에게 자기 의견을 증명하려 하는 광경을 쉽게 볼 수 있다. 예를 들어 A는 유전자 변형 식품이 건강에 유해하다고 생각한다. 그러자 B가 A에게 "유전자 변형 식품이 건강에 해롭다는 증거가 있어?"라고 물었다. 이때 A가 "그럼 유전자 변형 식품에 문제가 없다는 증거는 있어? 유전자 변형 식품을 먹은 모든 사람이 아무 문제가 없다는 걸 증명할 수 있어? 또 앞으로는 괜찮을까?"라고 되묻는다면 두 사람의 정상적인 대화는 불가능해진다.

서로 증거를 내놓으라고 목소리를 높일 것이고, 상대방이 내민 증거가 불충분하다고 주장하면 언쟁은 끝나지 않는다. 왜 이런 상황이 발생할까? 증거를 요구하기 전에 입증의 책임과 증거의 효력을 명확하게 인지하지 않았기 때문이다. 증거만으로는 어떤 문제도 제대로 설명할 수 없다. 그런데도 사람들은 연예인의 루머부터 진실 여부를 판단하기 어려운 사회적인 사건 등을 두고 논쟁을 벌인다. 논쟁이 길어지면 편을 나눠 싸우고, 인신공격도 서슴지 않는다. 결국 사건의 진상은 중심에서 멀어진다.

또 하나의 예를 보자. A는 이 세상에 하얀 까마귀는 없다고 주장했다. B는 이 세상에는 별의별 것이 다 있으니 어딘가에 분명 하얀 까마귀가 존재한다고 말했다. 이런 상황에서 증거를 제시해야 할 사람은 누구일까? B가 하얀 까마귀가 존재한다는 증거를 내놓아야 할까? 아니면 A가 하얀 까마귀는 없다는 증거를 내놓아야 할까? 이것조차 명쾌하게 판단하지 못하면서 서로 논쟁하는 게 무슨 의미가 있겠는가?

정답은 조금만 더 생각해보면 알 수 있다.

하얀 까마귀가 있다는 증거를 내는 건 어렵지만, 논리적으로 가능성은 있으니 하얀 까마귀를 잡기만 하면 B의 말이 맞는 셈이다. A의 입장에서 살펴보자. 하얀 까마귀가 존재하지 않는다는 걸 증명하려면 어떻게 해야 할까? 수천 마리의 까마귀를 잡아도 모두 까만색이다. 더 많은 경우의 수를 대입해도 하얀 까마귀를 잡지 못할 것이다. 그러므로 하얀 까마귀는 없다고 증명할 수밖에 없다. 그러나 A가 지구 곳곳에 카메라를 설치하고, 까마귀로 의심되는 것들을 모두 살펴봤으나 하얀 까마귀를 발견하지 못했다고 말한다면 B는 A가 제대로 관찰하지 않았다고 이의를 제기할 수도 있다. 하얀 까마귀의 존재 여부에 대한 두 가지 관점 모두 증거는 있지만, 입증의 책임은 다르다.

입증의 책임이란 존재는 입증하고, 존재하지 않음은 입증하지 않는다는 논리를 말한다. 존재하지 않음을 입증하는 건 거의 불가능해서 입증의 책임은 존재한다고 주장하는 쪽에 있다. "증거가 없는 것이 없다는 것을 입증하지는 않는다The absence of evidence is not evidence of absence. "라는 미국 격언이 있다. 온 세계를 다 돌았지만 하얀 까마귀를 보지 못했다는 말은 하얀 까마귀가 존재하지 않는다는 걸 입증하지 못하며, 기껏해야 하얀 까마귀는 정말 보기 드물다는 정도만 증명할 뿐이다.

이처럼 입증 책임을 간과하면, 논쟁은 불공정해진다. 법정을 떠올려보자. 피고는 자신의 무죄를 어떻게 증명해야 할까? "나는 물건을 훔치지 않았어요."라는 말은 증명할 방법이 거의 없으므로 "제가 물건을 훔쳤다는 증거가 있습니까?"라고 원고에게 되물어야 한다.

이 예시가 바로 입증 책임을 따지는 상황이다. '있다'라고 주장하는 쪽이 '없다'라고 주장하는 쪽보다 입증해야 할 의무가 더 크다. 즉 A가 B에게 "하얀 까마귀가 존재한다고 주장하는 이유가 뭐야?"라고 물어볼 수 있지만, B가 A에게 "하얀 까마귀가 존재하지 않는다고 주장하는 이유는 뭐야?"라고 되물어볼 수 없다는 말이다.

법정에서 알리바이를 제시하는 건 '죄가 없음'을 증명하는 거 아니냐는 의문을 가지는 사람이 있다. 하지만 조금만 더 깊이 생각해보면 알리바이는 필수적인 요소가 아니므로, 입증할 의무는 여전히 원고가 더 크다는 것을 알 수 있다. 알리바이란 사건 발생 당시에 피고가 사건 발생 이외의 장소에 있었다는 것을 입증하면서 무죄를 증명하는 것을 말한다. 이것은 피고가 사건 발생 당시 다른 장소에 있었다는 증거가 '있다'라는 건 입증하지만, '죄가 없다'라는 건 여전히 입증하지 못한다. 피고가 사건

> 입증의 책임이란
> 존재는 입증하고,
> 존재하지 않음은 입증하지 않는다는
> 논리를 말한다.

발생 당시 수업을 듣고 있었다는 걸 증언해줄 증인이 있다고 하자. 하지만 증인의 증언은 사건 발생 당시에 피고가 한 일이 '있다'라는 것만 증명한다.

현장에 없었다는 알리바이가 성립된다고 한들, 원고가 피고의 무죄를 받아들이려면 입증 책임이라는 전제조건이 필요하다. 그렇지 않으면, 원고는 피고에게 이렇게 물을 것이다.

"수업을 듣고 있었다고 해서 중간에 범죄를 저지르지 않았다고 말할 수 있을까요?"

원고는 여전히 피고에게 무죄를 입증하라고 몰아붙이고 있다. 이게 바로 알리바이는 '죄가 없음'을 입증하지 못한다고 말하는 이유다.

상대와 언쟁을 하는데 상대가 당신에게 "없다고 주장하는 이유가 뭐야?"라고 묻는다면, 당신은 "미안하지만, 존재는 입증하고, 존재하지 않음은 입증하지 않는다는 입증의 원칙이 있어. 네가 먼저 있다고 주장하는 증거를 대볼래?"라고 말하라. 그래야 의미 없는 언쟁을 피할 수 있다.

지식조각블록 이 정도는 알고 다니자!

아무리 싸워도 결론이 나지 않는 문제들은 입증의 책임이 누구에게 있는지 분명하게 인지하지 않았기 때문에 발생한다. "존재는 증명하고, 존재하지 않음은 증명하지 않는다." 라는 입증 책임이 누구에게 있는지 분명하게 인지하라.

주제 파악을
못 하는 이유는 무엇일까?

아래의 물음에 고민하지 말고 곧바로 대답해보자.

당신은 본인의 능력이 어느 정도라고 생각하는가?

당신은 또래들보다 똑똑한 편인가?

당신은 융통성이 있는 편인가?

당신은 독립적인 성향인가?

당신은 결단력이 있는가?

겸손해보이려고 마음에도 없는 말은 하지 말고, 가슴에 손을 얹고 생
각해보자. 당신은 평균 이상인가? 아니면 평균 이하인가? 당당하게 평균

이상이라고는 생각하지 않았는가?

평균 이상이라고 생각한 당신 대답은 이미 연구원들의 예상 범위 안에 있었다. 로버트 레빈Robert V. Levine은 저서 《설득의 힘》에서 '평균 이상의 착각Better-than-average illusion'이라는 현상을 언급했다. 그는 268명의 대학생을 대상으로 자신의 인격이 타인과 비교해 어떤지 묻는 설문조사를 진행했다. 설문 결과, 남들보다 잘 속는다고 생각하는 사람은 25%뿐이었다. 또래보다 유치하다고 응답한 사람은 22%에 불과했으며, 결단력이 부족하다고 여기는 사람은 15%였다. 보통 사람보다 남을 속이는 기술이 부족하다고 느끼는 사람은 19%였고, 독립성이 부족하다고 생각하는 사람은 7%였다. 비판적으로 사고하는 능력이 평균에 못 미친다고 생각하는 사람이 5%였고, 상식 수준이 평균에 못 미친다고 생각하는 사람은 3%뿐이었다.

모든 사람을 '평균'이라는 기준으로 나누면 평균 이상 혹은 이하는 반반씩 존재해야 하는데, 자신이 평균 이하라고 생각하는 사람이 별로 없는 이유는 무엇일까? 다들 속으로는 자기가 매우 잘났다고 생각할까? 그렇지 않다. 자신에 대한 이해가 부족하기 때문이다.

1999년, 미국 코넬대학의 유명한 심리학자 두 사람이 한 연구를 완성했다. 사람들은 이 연구를 두 사람의 성을 각각 따서 '더닝' 크루거 효과'Dunning'-Kruger effect라고 불렀다. 더닝 크루거 효과란 능력 없는 사람이 잘못된 결정을 내려서 상황이 더 나빠졌는데도, 그 원인이 자신의 능력 부족이라 생각지 않는 현상을 말한다.

두 심리학자는 실험자들에게 영문법 수준이 어느 정도인지 스스로 점수를 매기도록 한 다음, 영문법 문제를 풀게 하는 실험을 했다. 실험 결과, 영어 실력이 가장 형편없는 하위 25%의 사람들이 자신의 영문법 수준을 가장 높게 책정했다. 왜 이런 현상이 나타날까?

영문법의 기초 지식이 있어야 시험 문제에서 어떻게 응용해야 하는지 알 수 있는데, 기초 지식이 없는 사람들은 자기가 말하는 게 다 맞는다고 생각한다. 즉 영문법을 모르는 사람일수록 자신의 문제가 무엇인지 모르고 근거 없는 자신감에 빠지는 것이다.

두 심리학자는 유머 감각에 관한 실험도 했다. 영문법 실험과 같은 방법으로 실험자들은 자신의 유머 감각에 대해 먼저 점수를 책정하게 한 다음, 유머에 관한 객관적인 테스트를 진행했다. 결과는 영문법 테스트 때와 같았다. 유머 감각이 떨어지는 하위 25%의 사람이 자신의 유머 감각을 가장 높게 평가했다.

일상생활에서 이런 사람들의 개그는 분위기를 썰렁하게 만들지만, 정작 본인들은 다른 사람들의 유머 감각이 부족해서 분위기가 썰렁해졌다고 생각한다. 우리는 여기서 안타깝고도 슬픈 악순환을 목격하게 된다. 먼저 해당 방면의 능력을 갖춰야 자기를 평가할 수 있는데도 불구하고 당사자들은 이를 인지하지 못하고 오히려 자신만만하다는 것이다.

이 안타깝고도 슬픈 악순환을 끝낼 방법이 있다. 객관적인 능력 평가 기준을 찾으면 된다. 유머 감각은 주관적인 것인데 어떻게 객관적인 테스트가 가능한지 의문을 품을 수도 있다. 그래서 이 두 심리학자는 사전에 선별한 30가지의 유머를 실험자들과 인기 개그맨 8명에게 알려주고 각각 유머의 웃긴 정도를 점수로 책정하도록 했다. 개그맨들이 책정한 점수와 가깝게 점수를 책정한 실험자일수록 객관적인 유머 감각이 높고, 반대일수록 유머 감각이 낮다고 판단하면 된다.

생각을 조금만 더 깊이 하면, 주관적으로 보이는 것들도 객관적인 것으로 바꿀 수 있다. 이런 논리를 잘 활용해서 '더닝 크루거 효과'에 빠진 사람들에게 진실을 일깨워줄 수 있다. 이론을 빈틈없이 공부했다고 해서 자신의 이론 지식이 완벽하다고 섣불리 판단하지 말고, 문제집에 나오는 연습문제들을 꼭 풀어보자. 말주변이 뛰어나다고 해서 다른 사람과 논쟁을 할 때 일방적으로 이겼다며 으스대지 말자. 말주변이 뛰어나다고 생각한다면 토론 대회에 참가하라. 우승자와 최고의 토론가들이 당신의 실력이 어느 정도인지 판가름해줄 것이다.

지 식 조 각 블 록 이 정도는 알고 다니자!

문제가 무엇인지 모르기 때문에 많은 사람이 자기 자신을 평균 이상이라고 평가한다. '평균 이상의 착각'을 깨뜨리고 싶다면, 당신이 원하는 분야에서 해당 능력을 평가해줄 객관적 기준을 찾아라.

사람들은 왜 자기 잘못을
인정하지 않으려고 할까?

사람은 '원인'에 목숨을 거는 동물이다. 드라마를 보다 보면 누군가에게 죽임을 당하게 된 인물이, 목숨이 끊어지기 직전에 하는 말은 대부분 "왜, 왜 내게 이러는 거야?"다. 이상하지 않은가? 칼에 찔리는 순간, 병원에 가는 것보다 자신을 찌른 원인이 더 중요하다는 게 이해하기 힘들다. 비슷한 예로, 좋아하는 사람에게 거절당했을 때 첫 번째 반응이 "왜 나를 좋아하지 않는 건데?"다. 그럴 필요도, 그럴 이유도 없지만 상대방이 거절한 원인이 무엇인지를 밝히는 게 불변의 진리인 것처럼 말하는 것이다.

재미있는 사실은 사람이 이성을 지닌 동물이기 때문에 이런 비이성적인 상황이 나타난다는 것이다. 사람은 이성을 유지하기 위해 원인을 찾고, 없으면 만들어내기까지 한다. 원인을 찾지 못하면 제대로 먹지 못하고, 잠을 설치며, 죽어서도 마음이 편치 않다. 사람들은 원인을 찾는 과정에서 상상력을 발휘해 자기 마음대로 원인을 만들어내기도 한다.

원인은 크게 '외부 원인'과 '내부 원인'으로 나눌 수 있다.

'외부 원인'이란, 원인을 외부 탓으로 돌리는 것이다. 예를 들어 상사가 당신에게 회사에 지각한 이유를 묻는다고 하자. 당신은 '집이 회사와 멀어서', '알람이 울리지 않아서', '차가 막혀서' 등 환경요인이나, 예상치 못한 상황, 불가항력적 요소를 원인으로 든다. 다시 말해 잘못하긴 했지만 내 잘못이 아니라는 것이다.

'내부 원인'은 원인을 개인의 문제로 치부하는 것을 말한다. 직장동료가 지각하면 당신은 사람들에게 '그 사람은 항상 제멋대로고', '책임감이 없고', '일할 때도 좀 굼뜬 경향이 있고'라고 말한다. 원인을 개인의 성격, 능력, 태도 등 내부적인 요소로 돌리는 것이다.

대부분의 사람은 원인을 선정할 때 이처럼 이중잣대를 취한다. 자신에게 좋지 않은 일이 생겼을 때나 자기 방어가 필요할 때는 원인을 외부에 두고, 다른 사람에게 그런 일이 생기면 원인을 내부에 두는 경향이 있다. 내가 지각하면 교통체증 때문이고, 다른 사람이 지각하면 그가 부주의하고 제멋대로이기 때문이다. 내가 사기를 당하면 너무 착하고 순수하기 때문이고, 다른 사람이 사기를 당하면 그가 멍청해서다.

반대의 상황도 나타난다. 나에게 좋은 일이 생기면 내부 원인으로 보고, 다른 사람에게 좋은 일이 생기면 외부 원인으로 본다. 내가 승진한 이유는 열심히 일했기 때문이고, 그가 승진한 이유는 아부를 잘 떨었기 때문이다. 나는 사람들 마음을 잘 헤아리기 때문에 사람들에게 인기가 많고, 그는 사람들에게 잘 보이려 애쓰기 때문에 인기가 많다.

원인을 바라보는 이중잣대는 과거를 회상할 때도 나타난다. 예를 들어 동창생 A가 실연을 당하고 대성통곡하며 술주정을 부렸던 모습을 떠올리며 그건 그가 철이 없어서라고 말한다. 동창생도 타인이니 그의 문제는 내부 원인이다.

그렇다면 나에 대한 기억은 어떨까? 지난번 실연당했을 때 나도 똑같이 대성통곡하고 술주정을 부렸지만, 그건 전 애인이 헤어질 때 했던 말이 너무 충격적이었기 때문이라고 기억한다. 이렇게 똑같은 상황이지만 자기 자신에게 대입하면 외부 원인으로 변한다.

이 사례를 보면, 사람들은 과거를 회상할 때 자기 미화에 쉽게 빠진다.

"나는 비교적 성숙했고, 다른 사람들과 다투는 것을 싫어했고, 실없이 남들을 귀찮게 하지도 않았다."

"화나는 게 있으면 밖으로 드러내지 않고 참았다."

이처럼 70% 이상이 자신은 과거에 또래들보다 성숙했고 항상 옳았다고 생각했다. 과거에 있었던 일들을 하나씩 곱씹으면서 좋았던 일들, 이룩한 성과는 자신이 괜찮은 사람이었다는 증거로 삼고, 안 좋았던 일들이나 실패의 경험은 어쩔 수 없었던 당시의 상황 때문이거나 불의의 실수로 발생한 일이지, 결코 자신이 형편없어서가 아니라고 치부해버린다.

물론 자기 미화의 장점도 있다. 자기 미화에 빠지면 생각조차 하기 싫은 과거 기억 때문에 전전긍긍하고 후회하지 않으며, 다른 사람이 이룬 성과에 시기와 질투로 밤잠을 설치지 않을 수 있다. 자기 미화라는 착각에 빠졌지만, 마음 한구석이 편해져서 밤에 두 발 뻗고 잠들 수 있는 것이다. 결국 사람은 원인이 있어야 하고, 그렇기 때문에 원인을 찾으며, 없을 때는 원인을 잘 만들어내기까지 하는 '원인'의 동물이다.

그러나 그 원인을 만드는 과정이 지나치게 자유로운 나머지 자기 위로의 정도를 넘어 세상에 대한 왜곡으로 변질하기도 한다.

"나는 능력은 있지만, 펼칠 기회를 만나지 못해서 그래."

"온 세상이 다 타락했고, 나만 깨끗해."

이런 이유 없는 분노와 불만들은 자기 자신을 높게 평가하고 남들은 낮게 평가하려는 이중잣대 때문이다.

죽어도 자기 잘못을 인정하지 않는 사람은 정황을 따지지 않고, 사실 관계에 대해서도 자신만의 새로운 원인을 찾아 잘못을 그 탓으로 돌리려고 한다. 그런 사람에게는 하루빨리 이중잣대의 불공정함을 일깨워주고, 실수를 바로 잡아주어야 한다.

지식조각블록 이 정도는 알고 다니자!

사람은 '원인'의 동물이다. '외부 원인'과 '내부 원인'이라는 이중잣대를 내세워 원인을 찾는 과정에서 자신만의 원인을 만들어내고, 점점 자신만의 세계에 빠져 죽어도 잘못을 인정하지 않는다.

당신은 원인과 결과를
구분할 수 있는가?

"원인과 결과를 확실히 구분할 수 있나요?"

"네!"

아이들도 그런 것쯤은 알 수 있을 거라면서 한 가지 예를 든다.

"하늘에서 비가 내린다(원인)."

"땅이 젖는다(결과)."

우리가 익히 알고 있는 물의 순환 원리다.

그런데 원인과 결과가 뒤바뀌는 것은 정말 불가능할까? 땅에 수분이 없으면, 하늘에서 내리는 비는 어디에서 오는 것일까? 옛날 사람들은 하늘에서 비가 내려 강물이 되었다고 이해했다지만, 현대인들은 하늘에서 비가 내리는 것도 지표면에 있던 물이 증발해서 구름이 되고 그 결과 다시 비로 내린다는 순환을 이해하고 있다. 이를 '상호 인과관계' 혹은 '인과관계의 모순'이라고 한다.

물론 모든 원인과 결과가 상호호환적인 것은 아니다. 태양은 바위에 뜨겁게 내리쬘 수 있지만, 바위는 태양이 뜨거워지는 데 영향을 미치지 않는다. 여기서 우리는 얼핏 보면 원인처럼 보이지만 사실은 결과가 될 수 있다는 것을 알아야 한다. '능력이 뛰어난 사람은 대담하다'라는 말을 거꾸로 하면 '대담하면 능력이 뛰어난 사람'이라고 말할 수 있다. 이렇게 반대로 말할 수 있는 것을 상호 인과관계라고 한다.

어떤 사람이 '화목한 가정의 중요성'에 관한 연구를 했다. 그 결과 매일 눈뜨자마자 배우자에게 입맞춤하는 부부의 수입이 그렇지 않은 부부보다 20~30% 정도 높았다. 평균 수명도 5년 정도 더 길었고, 교통사고를 당하거나 직업병을 앓을 가능성도 낮았다. 여기서 잠깐 곰곰이 생각해보자. 아침에 하는 입맞춤이 부부관계를 좋아지게 하고, 긍정적인 기분으로 업무에 참여하니 사업에도 좋은 영향을 미치는 건 이해한다. 그러나 수입이 증가하고, 수명이 길어지는 건 너무 멀리 간 것 아닐까? 수입이 높은 사람들이 여유가 있어서 좋은 부부관계를 유지할 수 있고, 직업병이나 교통사고와 같은 불행한 상황에 빠질 가능성이 낮은 것은 아닐까? 오히려 이런 반대의 인과관계가 더 말이 된다.

또 다른 예를 들어보자. 종종 젊은 사람이 실연을 당해 자살했다는 사건을 뉴스로 보게 된다. 그때마다 사람들은 "젊을 땐 충동적이라 조그마한 좌절에도 깊게 생각해버리는 경향이 있다. 나이가 들면 다 괜찮아진다. 나이 든 사람이 연애하다가 목숨을 끊는 경우를 본 적은 없지 않은가?"라고 말한다. 시간과 경험은 확실히 사람을 성숙하게 만들고, 어떤 일이 닥쳐도 침착함을 유지할 수 있게 하니 어느 정도 일리가 있는 말이다.

그러나 나이가 많아지면 침착해진다는 결론 외에 다른 가능성은 정말 없는 걸까? 충동적 성격의 사람은 젊은 시절 실패할 때마다 분노를 참지 못한다. 이런 사람이 나이가 지긋할 때까지 변하지 않고 살 가능성도 있지 않은가? 반대로 침착한 사람은 원래 침착한 성격이었는데 어릴 때는 그러한 점이 눈에 잘 띄지 않다가 나이가 들수록 두각을 나타낸다. 그런데도 나이 든 사람들은 다들 침착하고, 젊은 사람들은 주목받기를 좋아하며 소란스럽다고 생각하는 경향이 있다.

여기에는 두 가지 방향의 인과관계가 존재한다. 첫째, '나이가 많은 것'이 원인이고, '침착함'이 결과다. 둘째, '침착함'이 원인이고, '나이가 많아진 것'이 결과다. 이 두 가지 모두 합리적이지만 두 번째를 주목하지 않아서 간혹 문제가 발생한다.

연구 결과를 소개하는 인터넷 기사는 이 문제를 설명할 가장 대표적인 예다. 그러한 기사들은 자극적인 헤드라인으로 사람들의 시선을 끄는 것을 좋아한다. '장수하는 10가지 비결'이라는 게시글에 '노산老産'이 장수의 비결 중 하나라는 내용이 있다.

뉴잉글랜드 지역에 사는 100세 이상의 노인들을 대상으로 연구를 진행했다. 그 결과, 40세 이후에 출산한 여성이 100세까지 살 가능성은 40세 이전에 출산한 여성보다 4배나 높았다고 한다. 이것을 반대로 생각해 보자. 뉴잉글랜드 지역의 여성들이 장수한 것이 정말로 40세 이후에 출산했기 때문일까? 오히려 그 정반대다.

여성의 늦은 혼인과 늦은 출산은 학력, 수입, 사회적 지위, 건강과 연관이 있다. 다른 건 제쳐두더라도, 40세 이후에 아이를 가질 수 있다는 것 자체가 원래 건강해야만 가능한 일이 아닐까? 40세가 넘는 나이에 출산한 여성이 장수한다는 것보다 학력, 수입, 사회적 지위가 높고 건강한 사람이 장수하고, 40세가 넘어도 출산할 수 있다는 말이 더 합리적이다.

이와 같은 상황을 전형적인 '인과관계 전도의 오류'라고 한다. 서로 연관 있는 두 가지 현상을 두고 원인과 결과를 뒤집는 실수를 말한다. 인과관계 전도라는 개념이 이해됐다면, 인터넷에 접속해서 기사들을 찾아보자. 특히 과학기술 영역을 보면 어디가 문제인지 알 수 있을 것이다.

'체벌이 아이의 IQ 발달에 미치는 악영향'이라는 헤드라인의 기사가 있다. 미국의 가정학 전문가들이 2~4세 아이 806명과 5~9세 아이 706명을 대상으로 4년 동안 연구를 진행했다. 2~4세 아이 중에 체벌을 받지 않은 아이들의 IQ는 체벌을 받고 자란 아이들보다 5점이나 높았다. 5~9세 아이들의 경우 체벌을 받은 아이와 그렇지 않은 아이들 사이에 2.8점의 차이가 발생했다. 이에 연구원들은 어떤 상황에도 아이를 때려선 안된다고 말했다.

이와 같은 기사는 언뜻 보기에 일리 있고 상식적이라 사람들이 쉽게 믿어버린다. 하지만 '인과관계의 모순'과 '인과관계 전도'를 이해했다면, 오류를 발견할 수 있을 것이다. 이 연구 결과는 체벌이 아이들의 지능을 낮아지게 한다는 것인지, 지능이 낮은 아이들이 주로 체벌을 받게 된다는 것인지, 후자의 가능성을 배제하지 않았다면 어떻게 과학적인 결론이라고 할 수 있다는 것인지 등 이 예시는 아이를 때리는 게 옳다고 하는 말이 아니라 아무리 맞는 말이라 하더라도 인과관계를 잘못 판단할 수 있다는 경계심을 일깨워주고 있다. 우리는 'OO전문가' 등을 내세우며 그럴듯하게 포장한 정보들 속에서 왜곡된 게시물에 속지 않도록 추리하는 기술을 익혀야 한다.

'연구 결과'가 신빙성이 있는지 없는지를 빠르게 판단할 수 있는 팁을 주겠다. 명확한 근거가 있고 합리적으로 보이는 듯한 결론을 발견하면, "이 결론을 실험으로 증명할 수 있을까? 무슨 말일까?" 하고 먼저 생각해보면 된다. 체벌과 IQ의 관계로 예를 들면, '체벌'과 'IQ 수준'은 앞뒤 상황을 관찰한 객관적인 현상이다. 그러나 이는 단순히 관찰이지 실험이 아니다. 관찰은 두 사건의 전후 관계를 말할 뿐이기 때문에 관련 없는 모든 요소를 규제하고 제거한 다음 진행하는 실험이야말로 진짜 인과관계가 무엇인지 밝힐 수 있다.

그러니 체벌과 IQ 수준으로 실험을 하려면 실험용 쥐처럼 1,500여 명의 아이들을 한 공간에 두고 두 개의 조로 나눠야 한다. 한 조는 아이들이 말을 잘 듣거나 안 듣는 것과 관계없이 무조건 체벌하고, 다른 한 조는 말을 잘 듣거나 안 듣는 것과 관계없이 체벌하지 않는다. 그래야 관계없는 요소들이 제거되고 "똑똑한 아이들은 체벌을 피할 수 있다."라는 가능성이 도출된다. 그리고 4년 후, 그들의 IQ 발달차이를 비교하면 된다. 불가능해보이는가? 그렇다. 애초에 말도 안 되는 생각이었다. 그러니 사회현상을 관찰하고 통계, 분석하는 것은 평생 '인과관계의 모순'에서 벗어날 수 없으며 이 점을 간과하면 '인과관계 전도'에 빠져 결과를 원인으로 생각하는 오류를 범하게 된다.

마지막으로 문제를 내겠다.

미국의 온라인 학술지 '플로스 원PLOS ONE'에 한 연구 결과가 실렸다. 130만 명이 넘는 사람의 건강 기록을 관찰해보니 고양이한테 물려서 치료한 사람의 41%가 우울증을 진단받았다고 한다. 그리고 그중 우울증을 앓고 있는 사람 86%가 여성이었다. 사람들 관심을 끌기 좋아하는 인터넷 신문사는 이 연구 결과를 가지고 '충격! 사람들이 잘 모르는 고양이 양육의 위험함' 혹은 '고양이를 키우면 우울증에 걸릴 수도!'라는 자극적인 타이틀을 내걸고 기사화했다.

그렇지만 함정에 빠지지 않으려면 "실험을 할 수 있을까?"를 먼저 생각하자. 그다음에 "고양이에게 물려 다친 사람 중에 41%가 우울증을 앓고 있다."라는 처음의 인과관계 외에 또 다른 가능성은 없는지 생각해보자.

*참고 답안 예시

① 고양이를 키우면, 주인은 심리적으로 안정감을 느끼고 건강에도 도움이 되기 때문에 우울증을 앓고 있는 사람들이 그렇지 않은 사람보다 고양이를 키울 가능성이 더 크다. 그러므로 우울증을 앓고 있는 사람이 고양이에 물릴 확률은 상대적으로 높다.

② 우울증 증상이 심한 사람일수록 고양이와 붙어 있으려고 하므로, 고양이에 물릴 확률이 높다.

③ 고양이의 치아가 뾰족하고 길어서 깊게 찔리면 감염될 수 있고, 감염의 정도나 상처가 심할 경우 우울증이 생길 수도 있다.

④ 주인의 감정적인 변화가 발생했을 때 주인을 무는 동물도 있다. 고양이는 사람과 눈을 맞추며 살아가는 동물인데, 우울증 환자는 고양이와 시선을 덜 마주쳤을 가능성이 크다.

⑤ 우울함에 빠져 고양이 먹이 챙기는 걸 자주 깜빡하는 등 우울증 환자의 행위가 고양이를 화나게 할 수 있다.

⑥ 우울증 환자는 건강관리에 더 민감하므로, 고양이에 물리면 병원부터 가는 경향이 있다.

⑦ 고양이들끼리 싸울 때, 주인이 말리면서 물릴 수도 있다. 우울증 환자는 고양이를 여러 마리 키우므로 싸움을 말리다가 물릴 확률이 더 높다.

⑧ '이 세상 사람들이 다 나를 싫어해도, 내 고양이는 나를 사랑해.'라고 생각하는 사람이 고양이에게 물리면 충격은 배가 된다. 그래서 우울증의 증상이 더 심해진다.

⑨ 우울증 환자는 자해를 인정하기 싫어서 고양이에게 물렸다고 책임을 전가할 수도 있다.

(중략)

'인과관계의 모순'을 이해하고 나면, 우리가 얼마나 단순하게 살았는지 깨닫게 된다. 보이는 것만 믿고 그것이 진리인 것처럼 판단 기준으로 삼았다는 현실이다. 이면을 보고 모순을 짚어볼 줄 아는 지혜가 필요하다.

지식조각블록 이 정도는 알고 다니자!

언뜻 보기에 서로 반대 개념인 것처럼 보이지만 인과관계는 상호작용을 한다. 따라서 '인과관계 모순'을 간과하지 마라. 그럴싸해 보이는 통계자료에 흔들려 '인과관계 전도'라는 오류를 범할 수 있다.

함정에 빠지지 않으려면
어떻게 해야 할까?

"그렇게 해서 뭐가 되겠어?"

"사람들이 다 너 같으면 어떻게 되겠니?"

우리가 어릴 적에 자주 들었던 말이다. 어딘가 잘못된 말인 것 같지만 딱히 반박은 못 한다.

"네 방도 제대로 정리를 못 하는데, 커서 무슨 일을 할 수 있겠니?"

방 청소를 싫어하는 게 큰 잘못은 아니다. 그러나 정돈되지 않은 당신 방을 본 엄마는 냉정하고도 단호하게 단정지어 말한다. 당신이 작은 일을 크게 부풀린다고 대꾸하면, 엄마는 원래 작은 것만 봐도 큰 상황을 짐작할 수 있다고 말한다. 당신이 가슴을 치면서 "그렇게 안 되니까 괜히 걱정하지 마."라고 말해도 엄마는 믿지 않는다. 이렇게 말해도 안 되고, 저렇게 말해도 안 된다. 답답하지 않은가? 이렇게 사람을 논리적인 함정에 빠뜨리는 현상을 '미끄러운 경사면의 오류fallacy of slippery slope'라고 한다.

미끄러운 경사면의 오류란 마음에 들지 않지만 막상 큰 문제점을 찾을 수 없는 일이 있다면, 그 일을 극단의 상황으로 몰아 나쁜 점을 부각하는 것이다. 다시 말해 미끄러운 경사면으로 데리고 간 다음, 뒤에서 밀어 경사면 아래의 함정에 빠지도록 만드는 상황을 말한다. 아무 일도 아닌 것을 심각한 일로 만드는 것이다. 앞의 예시로 돌아가 보자. 단지 청소하는 걸 싫어할 뿐인데 엄마는 아무것도 못 하는 무능력한 사람으로 만들었다. 살짝 미끄러졌는데, 인생의 패배자가 되어버린 셈이다.

사회에서 발생하는 사건을 분석할 때도 미끄러운 경사면의 오류에 빠진다. 시시콜콜한 일에도 사람들은 "나라가 어떻게 되려고 이러는지 모르겠어."라고 말한다.

미끄러운 경사면의 오류는 왜 생겨날까? 사람은 본능적으로 질서 맞추기를 좋아한다. 유행과 트렌드를 이야기하며 변화와 발전 속에서 규칙을 찾아내는 것을 좋아한다. 게다가 규칙과 질서에 대해 저마다 강박증을 앓고 있다. '순차적인 진행'은 알 수 없는 매력을 만들어낸다. 점점 의미를 확장해나가는 관계처럼 보이기만 해도 자연스럽게 설득력이 생긴다.

다음의 경우를 살펴보자.

"생각은 행동을 바꾸고, 행동은 습관을 바꾸고, 습관은 성격을 바꾸며, 성격은 운명을 바꾼다."라는 말이 있다. 어떤가? 매우 와 닿지 않는가? 이번에는 순서를 바꿔보자. "운명은 성격을 바꾸고, 성격은 습관을 바꾸고, 습관은 행동을 바꾸고, 행동은 생각을 바꾼다."라고 말해도 똑같이 고개가 끄덕여진다. 순서를 섞어도 말이 되는 것이다. "습관은 생각을 바꾸고, 생각은 성격을 바꾸고, 성격은 행동을 바꾸고, 행동은 운명을 바꾼다."라고 해도 여전히 말이 된다.

순서대로 말해도 이치에 맞고, 거꾸로 말하거나 순서를 섞어도 이치에 맞는 건 왜일까? 이미 정해진 인과관계와 논리적인 순서 때문이 아니라, 말 자체가 의미를 점점 확장하는 느낌만 있으면 이치에 맞게 들리기 때문이다. 이때 그 어떤 사실 증거를 제시하지 않아도 듣는 사람은 자동으로 예시를 보충한다.

첫 번째 문장을 들은 사람은 "맞아! 생각이 이렇게 중요해! 가난에서 벗어나고 싶으면, 우매함을 먼저 해결해야 해. 가난하지만 성공한 사람들을 봐. 교육이 운명을 바꾼 거야!"라고 말할 것이다. 두 번째 문장을 들은 사람은 "어? 운명이 그렇게 위대하다면, 누가 타고난 낙천주의자와 비관주의자야? 다들 가정환경과 성장과정의 영향을 받는 거 아니었어?"라고 말할 것이다. 세 번째 문장을 들은 사람은 "아이들에게 가장 중요한 건 좋은 습관을 길러주는 거야. 시간 약속을 지키는 습관은 사람을 신중하게 생각하고, 차분하고, 꾸준히 자기관리를 하도록 만들어. 결국 사업상으로 성공할 운명이 된다는 거지!"라고 말할 것이다. 어느 방면의 규칙을 따랐기 때문에 이 세 가지 말하기 방식은 모두 일리가 있다.

그러나 점진적으로 발전하는 질서감이라는 매력 때문에 우리는 경계해야 한다. 잠깐 한눈을 팔다가 질서 맞추기를 좋아하는 함정에 빠져, 그럴듯해 보이는 것들을 불변의 진리로 여기는 경우가 많다.

중국의 유교 경전《예기禮記》에 이런 구절이 있다.

"온 세상을 밝은 덕으로 밝히고자 한 사람은 먼저 자신의 나라를 다스렸다. 나라를 다스리려고 한 사람은 먼저 자신의 가정을 다스렸다. 가정을 다스리려고 한 사람은 먼저 자신의 몸을 다스렸다. 자신을 몸을 다스리려 한 사람은 먼저 자신의 마음을 다스렸다. 마음을 바로잡으려고 한 사람은 먼저 자기 자신이 세운 의지에 충실했다. 의지를 충실히 하려고 한 사람은 먼저 지식이 있어야 했다. 지식은 사물을 탐구하는 데서 얻을 수 있다. 사물을 탐구한 다음에 지식을 얻고, 지식을 얻은 뒤에야 의지에 충실히 임할 수 있으며, 자신이 세운 의지에 충실히 해야 마음을 바로잡을 수 있다. 마음을 바로잡아야 몸을 세울 수 있다. 몸을 세운 뒤에 집안을 다스리고, 집안을 다스린 뒤에야 나라를 다스릴 수 있다. 자신의 나라를 잘 다스려야 천하를 평정할 수 있다."

이 구절의 흐름은 서로 긴밀하게 연결되어 있다. 어릴 때부터 성장할 때까지, 안에서 밖으로, 지식에서 덕행, 개인의 학문 탐구에서 천하 평정까지 하나로 연결되어 있다. 전체적인 흐름은 순차적이고, 듣는 사람들이 별 불만 없이 마음에 새기도록 하고 있다. 이 문구로 학생들이 열심히 공부할 수 있도록 이끌기에 더할 나위 없이 좋을 것 같다.

그러나 반드시 이 순서가 맞는 걸까? 가정을 다스리는 능력이 있어야 나라를 다스릴 수 있을까? 사물의 이치를 탐구하는 데 흥미가 없으면, 그 사람의 마음은 무조건 비뚤어진 것일까? 규칙처럼 보이지만, 사실 구절을 지은 사람의 기대와 추측이 아닐까? 이 순서가 틀린 건 아니지만 생각이 여기까지 이르렀다면. 당신의 엄마가 방 청소를 하지 않으면 장차 아무 일도 하지 못한다고 한 말처럼, 이 구절이 개연성에 의한 예측가능성만을 말하고 있다는 점을 발견할 것이다. 점차 의미를 확장하는 구조라고 해서 결과가 무조건 그렇게 될 거라고 결론짓지 말자. 다시 말해서 미끄러운 경사면의 오류에서 도출된 결론은 무조건 틀린 것은 아니지만, 필연적이지도 않기 때문에 엄격한 논리가 될 수 없다.

원리를 깨달았으니 우리는 미끄러운 경사면의 오류에 어떻게 대처해야 할까? 두 가지 방법이 있다. 하나는 '회귀 효과'이고, 또 다른 하나는 '의제 집중'이다.

'회귀 효과'란 무엇일까? 대부분 사물의 변화에는 미끄러운 경사면처럼 끝까지 내리막만 있지 않다. 오르막도 있고 내리막도 있다. 일렁이는 파도처럼 올라갔다가 내려가고, 주변에 물결을 일으킨다. 그래서 극단적인 상황은 오히려 정상적인 상황으로 되돌아갈 때가 됐다는 걸 의미하기도 한다.

보수주의자들은 "세상 말세다."라고 자주 불만을 토로한다. 여성의 치마 길이가 점점 짧아진다면서 이렇게 가다간 벌거벗은 채 길거리를 돌아다니게 될지도 모른다고 생각한다. 게임을 좋아하는 청소년들이 점점 많아지니, 아무도 일하지 않고 공부하지 않으리라고 생각한다. 그들은 제한된 하나의 현상을 극단적으로 몰아 대중의 불안 심리를 자극하는 공통점이 있다.

하지만 여기서 우리가 꼭 기억해야 할 것은, 대부분의 변화는 단선적이지 않고 물결모양을 하고 있다는 점이다. 패션의 역사를 살펴보면 치마 길이는 파도처럼 변화했다. 경제가 호황일수록 치마 길이는 점점 짧아지고, 불황일 때는 치마 길이가 길어진다는 '치마 끝선 법칙Hemline theory'까지 등장했다. 경제는 파도처럼 호황과 불황이 번갈아 나타났고, 치마 길이도 짧았다가 길었다가를 반복했다. 이 현상들에는 모두 '물결'의 특징이 있다. 사회적 현상도 이럴진대 사고하는 우리 인간은 한 방향으로만 끝없이 미끄러질 일은 절대 없다.

이번에는 '의제 집중'에 대해 이야기해보자. 미끄러운 경사면 오류를 자주 범하는 사람들은 좋거나 나쁘다고 말하기 어려운 일을 경사면 아래로 밀어내는 것을 좋아한다. 진흙 구덩이에 빠뜨린 뒤, 손가락질을 받을 법하거나 명백하게 틀린 일과 함께 엮어놓는다. 그들의 최종 목적은 곤궁 속에 당신을 함께 놓는 것이다. 그러니 당신은 여기에 속지 말고, 진흙 구덩이를 무시하고 원래 의제에 집중해야 한다.

한 대학에서 '교내 흡연 금지'로 논쟁이 벌어졌다. 학교에서 '흡연 금지'를 주장했지만, 노교수들은 오랜 시간 키워온 습관 때문에 담배를 끊을 수가 없었다. 이에 학교는 흡연 전용 공간을 만들었다. 이에 반발한 일부 학생들이 학교 측과 나눈 대화는 다음과 같다.

"담배를 피우고 싶은 사람을 위해 흡연 전용 공간을 설치한다면, 술 마시고 싶은 사람을 위해 학교에 음주 전용 공간을 설치할 건가요? 게임 전용 공간도 만드실 건가요?"

"우리가 대화를 나눌 주제는 흡연 전용 공간입니다. 흡연 전용 공간을 만드는 것에 이의가 있나요?"

"그러니까 앞으로 음주 전용 공간과 게임 전용 공간 같은 것도 만드실 거냐고 묻잖아요."

"여전히 똑같은 말이네요. 지금은 흡연 전용 공간을 설치할지를 이야기하고 있습니다. 그 외의 공간을 설치하는 것에 관한 이야기는 이 토론이 끝난 다음에 토론할 문제입니다. 흡연 전용 공간 이 자체만 두고 어떤 이의가 있나요?"

이 대화에서 학생 측은 경사면 아래로 밀어서 다른 사람들을 불안하게 하는 흐름을 조성하고, 학교 측은 말의 초점이 다른 곳으로 옮겨가지 않도록 의제에 집중하고 있다.

미끄러운 경사면 논증은 점진적으로 발전하는 흐름을 좋아하는 인간 본능에서 비롯되었다. 때론 말할 필요도 없는 설득력을 부여하고, 때론 토론과 전혀 관계가 없는 것들로 당신 집중력을 흩뜨리며, 걸핏하면 말꼬리를 잡아 철저하게 대화의 초점을 잃게 만든다.

당신이 당황하는 모습에 속으로 쾌재를 부른다. 그러나 당신이 기억할 것은 그것들은 분명 논제의 중심이 아니다. 당신이 의제에 집중하는 한, 그들의 비논리는 힘을 잃을 것이다. '회귀 효과'와 '의제 집중'의 두 가지 기술을 연마하면 비슷한 문제가 발생했을 때 당신의 머릿속이 깔끔하게 정리될 것이다.

지 식 조 각 블 록 이 정도는 알고 다니자!
———————————————————

미끄러운 경사면의 오류는 질서 맞추기를 좋아하는 본능에서 비롯됐다. 질서정연하고 긴밀하게 연결되어 있으면, 개연성이 있는 예측을 필연적인 결과로 생각하는 경향이다. 이때 회귀 효과의 존재를 지적하고 의제에 집중하면 당신을 진흙 구덩이로 빠뜨리려는 상대를 저지할 수 있다.

선입견에서 벗어나기 힘든 이유는
무엇일까?

　자신이 선입견을 갖고 타인을 본다고 인정하는 사람은 없다. 선입견에 대한 부정적 인식은 누구나 알고 있기 때문에 일부만 보고 그 사람 전체를 판단하고 있다는 걸 드러내지 않는다. 그러나 실제로 사람들은 지역, 나이, 성별 등의 요소로 사람을 판단하고 꼬리표 붙이길 좋아한다. 어떤 유형에 속해 있느냐에 따라 어떤 성격을 지녔다고 판단하는 것이 선입견이다.

　선입견은 사물의 전체적인 속성을 개체로 나누는 과정에서 생겨난다. 애초에 전체적인 속성을 개체로 나누는 것 자체가 경솔한 행위다. 선입견이 전부 악의에서 비롯된 것은 아니지만, 악의가 없는 편견이 사람을 더 난감하게 한다.

중국 사람들은 북쪽 사람과 남쪽 사람으로 나눠서 이야기하는 습관이 있다. 술자리에서 누군가가 "북쪽 사람들은 성격이 시원시원해서 좋아. 체면치레하지 않고 말이야!"라고 말한다. 또 누군가는 직업에 관한 이야기를 하면서 "여성들은 섬세한 면이 있어서 서비스업에 종사하는 게 어울려!"라고 말한다. 두 예시 모두 긍정적인 의미를 지녔지만 근거 없이 사람을 한정하고 있다. 특히 듣는 사람에게는 굉장히 불편한 말이 되기도 한다.

선입견이나 차별적인 발언이 사람에게 상처를 준다고 하지만 이것은 악의가 아니라 게으름 때문이다. '개인'을 어떤 '유형'으로 묶어 판단하면, 상대방이 어떤 일을 했고, 어떤 말을 했다는 것과 관계없이 우선 그 유형에 따른 꼬리표를 달아놓고 본다. 정확도는 조금 떨어질지라도 이게 자신이 그를 상대하기에 훨씬 더 효율적이라고 믿기 때문이다. 선입견은 복잡한 세상을 살아가기 위한 필수품이다.

당신이 증권회사의 사장이라고 가정해보자. 법무 분야에 종사하는 A라는 젊은이가 당신을 붙잡고 "사장님, 정말 기가 막힌 아이템이 있습니다. 다른 회사에서 한 번도 시도해본 적 없고, 조금만 투자해도 대박이 날 아이템입니다. 연구도 이미 여러 번 거쳤습니다. 게다가 합법입니다!"라고 말한다면 당신은 어떤 반응을 보일 것 같은가?

아마도 '새파랗게 젊은 이 사람의 말을 믿어도 될까?'라고 생각할 것이다. 더 나아가 '다른 회사들이 바보도 아니고, 다들 안 한다고 했을 땐 분명 그만한 문제점이 있을 거야.'라고 생각할지도 모른다. 만약 당신이 인내심 있게 청년의 제안을 다 듣고도 아무런 문제점을 발견하지 못했다고 하자. 당신에게 "이 청년이 진짜 천재라서 아무도 발견하지 못한 기회를 찾은 걸지도 몰라."와 "이 청년을 믿는 건 미친 짓이야."라는 두 가지 선택지를 주겠다. 당신이 사장이라면 어떤 선택을 하겠는가?

만약 청년을 신뢰하기로 선택한다면, 회사 자원으로 투자해야 하는데 적자가 날 가능성이 매우 크다. 그렇다고 청년을 불신하는 것으로 선택한다면, 제2의 마윈과 같은 인재를 놓쳐서 몇 년 뒤에 후회할 수도 있다. 여기서 끝이 아니다. 당신이 어떤 선택을 하느냐보다 당신이 이일을 어떻게 처리하느냐가 더 중요하다. 아무런 경력도 없는 사람이 획기적인 아이디어가 있다고 무턱대고 제안하는 상황에서, 그 제안을 진지하게 살펴보고 별다른 문제점을 발견하지 못했다면, 하던 일을 멈추고 적극적으로 추진할 것인지, 아니면 지금 당장 별다른 문제가 없다고 하지만 왠지 믿음이 가지 않기 때문에 제안서를 그대로 쓰레기통에 넣어버릴 것인지, 당신은 둘 중 하나를 선택해야 한다. 이때 대부분의 관리자는 후자를 선택한다. 뭔가 느낌이 와서 한 번쯤 시도해볼 수 있겠지만, 지금까지 해오던 일을 멈추고 이런 획기적인 아이디어만 살펴본다면, 당신의 회사는 일할 필요가 없다.

"상대방이 경력이 부족하고, 지위가 낮다고 해서 새롭고 독창적인 견해를 무시하는 태도는 차별이 아닌가?"라고 생각할 수도 있다. 그러나 이런 차별적인 시각 없이 젊은 사람의 관점과 업계 내 최고 전문가의 관점을 동일시하게 여긴다는 건, 지나가는 길거리 행인의 의견을 듣고 마치 투자전문가 조지 소로스George Soros에게 주식투자 비법을 들은 것처럼 반응하는 것과 같다. 효율을 위해서 우리는 어쩔 수 없이 어느 정도의 정확도를 포기해야 한다. 슬프지만 이게 현실이다.

다큐멘터리 영화 '빅 쇼트The Big Short'에 유사한 사례가 나온다. 소수의 선각자가 미국의 비우량 주택담보대출 위기를 예상했을 때 첫 반응은 자신들에 대한 차별이었다. 그들은 '우리 같은 사람이 저렇게 많은 돈을 버는 사람들보다 똑똑할까? 혹시 잘못 예견한 건 아닐까?'라고 생각했다. 그래서 전국 동일 업계 연구토론회에 참석하고, 실제 시장상황을 여러 번 관찰했다. 그들은 대다수 사람들이 무작정 낙관적인 시장 분위기에 휩쓸리고 있다는 판단을 내린 후에야 조심스럽게 주가가 내려갔을 때 다시 사들여서 이익을 보는 공매도를 해보기로 결정했다. 매사에 신중한 사람들도 자기 자신에게 선입견이 있다. 그들은 경력이 오래되지 않았고, 수익을 많이 얻지도 못했기 때문에 자신들이 다른 사람들에게 무언가를 말할 자격이 없다고 생각했다. 그래서 그런 사람들이 시장에서 성공을 거둔 사람과 다른 관점을 이야기할 때는 입증할 근거가 많으면 많을수록 좋다. 이런 상황은 꽤 불공평해 보이지만 사실 매우 공평하다.

곰곰이 생각해보면, 이들은 비우량 주택담보대출 위기에서 손해를 보지 않고 훨씬 더 많은 이익을 얻은 행운아들이다. 그들이 실제 행위로 선입견을 대하는 세 가지 원칙을 이야기해보겠다.

(1) 다른 사람에게 선입견을 품지 말자.

많은 미국인이 믿는 "월스트리트는 사리사욕에 눈이 먼 탐욕가들에게 좌지우지된다."라는 말은 "그들의 말을 따르기 싫다."는 의사를 간단명료하지만 거칠게 표현한 것이다. 금융계 주역들 관점에서 허점을 발견했다고 한들, 단번에 "그럴 줄 알았어!"라고 하지 말자. 선입견을 품은 사람들은 자신의 선입견을 증명할 예를 수시로 찾는다.

(2) 다른 사람의 선입견을 깨보자.

당신에게 선입견이 있는 상대를 대할 때는, 화를 내지 말고 선입견을 품게 된 이유가 무엇인지를 생각해본 다음 행동하라. 경력이 짧은 증권 딜러가 비우량 주택담보대출의 위기가 있다는 말을 하면, 사람들의 비웃음을 살 것이다. 그럼 이때 자신의 관점을 빈틈없이 조사하고 검사한 다음 마지막에 명확한 근거로 그 사람들의 입을 다물게 만들어 버리면 된다. 차별적 시선을 받았을 때, 반격하거나 고소를 하라는 말이 아니다. 가장 효과적인 반격은 자신을 높이는 방법이다. 사실 직장에서 차별을 당하면, 더 열심히 일하는 효과가 나타나기도 한다. 이러한 그들의 노력은 결국 사회 전체의 시선을 바꿀 것이다. 이는 부드럽고, 점진적이며, 효과적으로 사람들의 존경을 받는 방법이다.

(3) 다른 사람의 선입견을 역이용하자.

비우량 주택담보대출 위기가 발생하기 전, 지나치게 낙관적인 시장 분위기가 공매도의 이익을 불러왔다. 하나의 선입견은 다른 곳에서 기회로 작용한다. 선입견 때문에 적극적으로 생각하는 걸 포기하는 순간, 아직 이를 포기하지 않은 또 다른 사람이 유리한 상황을 만난다는 말이다.

우리는 선입견과 차별에서 완전히 벗어날 수는 없다. 선입견을 배제하려면, 효율적인 면을 고려해야 한다. 그 다음에 효율을 얻기 위해 어떤 걸 희생해야 하는지 생각해야 한다. 실제로 빠른 판단을 하기 위해서는 선입견이 필요하지만, 선입견을 품은 판단이 가장 신빙성이 떨어질 수도 있다.

한 집단에서 선입견이 굳어지고 그것이 점차 많은 사람의 보편적인 인식으로 변하면 취업하거나 승진할 때, 보이지 않는 장벽처럼 제도적인 불공평함을 초래한다. 한 조직 내에서 선입견 때문에 발생하는 손해는 계산하기조차 어렵다. 당신이 누군가를 차별할 때, 다른 이유로 누군가는 당신을 차별하고 있을 것이다. 그러므로 선입견이나 차별적 시선으로 게으름을 피우지 말고 공평하게 세상을 살아가자.

지식조각블록 이 정도는 알고 다니자!

선입견을 품으면, 중요한 정보를 놓칠 수 있다. 다른 사람이 내게 선입견이 있을 때 가장 좋은 대응 방법은 행동으로 보여주는 것이다.

남들이 고민할 때 공부하고
남들이 공부할 때 고민하라

_마웨이웨이

나도 당신처럼 고민하는 게 일상이다. 요즘 나의 최대 고민거리는 바로 다이어트다. 살은 무척 교활하게도 나를 함정으로 유인한 뒤, 갑자기 나타나서 내게 소리친다.

"어이, 거기 있는 뚱뚱보! 당신은 이미 함정에 빠졌어. 아무리 발버둥쳐도 소용없어!"

하지만 나는 나만의 고집이 있다. 고민이 생기면, 남들과 다르게 공부하는 습관이다. 고민에 빠지면 나는 심도 있게 생각한다. 어쩌다 이런 함정에 빠졌을까? 저항할까? 아니면 받아들일까? 나한테 어떤 자원이 있지? 누구한테 도움을 구하지? 단기적인 목표는 뭐고, 장기적인 목표는 뭐지? 어디서부터 손을 대야 하지? 고민을 구체적인 문제로 나누면 분석으로 변한다. 문제를 분석하는 것이 효과적인 학습의 시작이다.

고민은 학습에 몰두할 수 있게 하는 가장 큰 원동력이다. 다이어트로 시작된 고민이 아니라 나의 문학가적인 본성 때문에 '자율'이라는 문제를 하나의 체계로 크게 묶어서 생각하지 않을 수 있다.

　　이 책은 어디서부터 읽을지는 중요하지 않다. 인생을 살아가면서 생기는 각종 고민에서 출발하기 때문에, 이 책 자체가 당신에게 가장 유용한 학문이기 때문이다. 당신의 최대 고민거리가 나처럼 다이어트라면 자기관리에 관한 내용을 다룬 2장을 읽으면 되고, 가난이 고민이라면 돈 버는 데 필요한 내용을 담은 1장을 읽으면 된다. 그리고 효율이 낮은 사람은 3장을, 평범한 것이 최대 고민거리라면 4장을, 상실감을 느끼는 사람이라면 5장을, 주관이 없는 사람이라면 6장을 찾아 읽으면 된다.

　　결론부터 말하자면 다른 사람이 고민할 때 당신은 공부하라는 말이다. 문제가 어디에 있는지 알아야, 어떤 부분의 능력을 키우고, 어떤 부분을 해결하고, 어떤 부분을 내버려두어야 할지 알 수 있다. 즉, 고민이 무엇인지 확실하게 알아야 고민하지 않는다는 말이다. 다른 사람의 고민을 타산지석으로 삼아 당신에게 닥칠 고민에 대비할 수 있기 때문이다.

　　나도 고민이 생기면 그걸 해결하기 위해 공부를 한다. 그렇다고 공부를 좋아하는 사람은 아니다. 게다가 나는 다른 사람이 배울 때 고민하는 습관이 있다. 난관에 부딪히면 고민이 생기지만, 그걸 통해 문제를 해결할 지식을 얻고, 결국 문제를 해결해낸다. 이게 내가 고민을 해결하는 과정이다.

대부분의 전문서적은 문제해결이 아니라 지식 그 자체에 중심을 두고 있다. 예를 들어 과학서적은 간단한 원리를 가지고 시작한다. 때문에 그걸 바로 응용하면 반드시 틀리게 돼 있다. 이때 선생님은 예외적인 상황들이 존재하기 때문에 때에 따라 다른 원리를 대입해야 한다고 가르친다. 그래서 끝까지 배우지 않으면 절대로 실생활에 응용할 수 없다. 예를 들어 당신은 닭고기 버섯 조림에 관한 이야기를 쓰려고 했는데, 책의 시작을 동물학자나 식물학자에 관한 이야기부터 하는 결과를 초래하는 우를 범한다. 그런데 졸업하고 한참이 지나고 나서야, 당신은 이 책이 음식 재료부터 언급했어야 한다는 것을 깨닫게 된다. 하나만 알고 둘을 모르는 것처럼, 이론적 지식만 있는 경우 이런 실수를 부지기수로 자행하는 것이다.

우리는 난관에 부딪혔을 때를 대비해 해결능력을 키우자는 마음가짐으로 배운다. 그러나 들어간 후에야 큰 구덩이였다는 걸 알게 되면 들어갈 때보다 나올 때 훨씬 힘이 든다. 많은 사람이 책벌레로 변하는 건 구덩이 밖으로 나가려고 할 때, 왜 들어왔는지를 잊어버리기 때문이다. 지식을 탐구할 때는 마음을 가라앉히고 침착해야 하지만, 동시에 무엇 때문에 고민하는지를 끝까지 기억하고 있어야 한다.

'문제를 안고 책을 읽는 것'과 '고민을 안고 책을 읽는 것'은 결국 같은 의미가 아닐까? 많은 사람이 마음을 놓고 지식의 계단을 오를 때, 나는 반대로 내려와서 이 지식은 어떤 문제를 해결하기 위한 것인지 스스로 되묻는다. 어떤 문제가 지식을 하나로 묶을 수 있을까? 책을 읽다 보면 논리학, 심리학, 사회학, 경제학, 경영학 등의 영역까지 다루고 있다는 걸 알게 된다. 어떤 지식도 단독으로 존재하지 않는다. 지식들은 블록 쌓기처럼 구체적인 문제를 해결하는 틀로서 다시 만난다.

　너도나도 바쁜 요즘에 가장 큰 관심거리는 주변에서 일어나는 일이다. 그래서 당신이 진정으로 관심 있는 문제를 몇 가지의 '지식조각블록'으로 일러주는 게 훨씬 낫다. 그 지식조각블록들을 조립하는 기쁨과 더불어 완성해가는 묘미를 당신의 인생에서 맛보기 바란다.

　당신 고민은 무엇인가?

　다이어트 마니아로서 '자율성'에 관한 문제는 내게 맡기면 된다. 당신에게 맞는 지식조각블록을 이 책에서 찾길 바란다.

지금은
지식조각블록의 시대다

_저우쉬안이

예견한 적은 없지만, 지금은 지식조각블록의 시대다.

1999년 9월, 대학교 3학년 새 학기를 시작하던 내게 새로운 건 그다지 없었다. 신입생 수가 급격히 많아졌고, 기숙사에는 컴퓨터가 생겼다. 그 당시 중국에는 QQ라는 메신저가 등장했고 가입자 수는 200만 명이 겨우 넘는 수준이었다.

컴퓨터가 막 보급되던 때라 모르는 게 있으면 인터넷에서 함부로 찾지 말고, 도서관에 가서 해결하라고 선생님들이 말하던 시절이었다. 2001년, 구글은 디지털 도서관을 기획하고 진행했다. 2007년, 나는 박사 논문을 위해 6개월간 영국에 머무르면서 연구와 관련된 자료들을 모두 복사했다. 그런데 귀국 후 인터넷으로 검색해보니, 당시 도서관에서 봤던 원서들이 흠집 하나 없이 보관돼 있었다. 내가 기숙사까지 책을 가져올 때, 다른 사람들은 인터넷에서 자료를 찾고 있었던 것이다. 말 그대로 충격이었다!

지금 생각해보니, 1999년 9월에 신기했던 두 가지가 지금은 일상으로 변해버렸다. 하나는 대학입학 자격이 보편화되었고, 다른 하나는 모든 사람이 인터넷에서 정보를 얻고 있다는 것이다. 우리가 만나는 사람들은 대부분 12년 동안 교육을 받으며, 클릭 한번으로 다양한 정보를 얻고 있다. 그런데 모두가 고학력의 지식인이고, 이처럼 손에 움직이는 백과사전을 들고 다니는데 예전보다 더 고민하는 이유는 뭘까?

자기계발서에 나오는 말처럼 아는 게 많을수록 모르는 게 많다고 생각하기 때문은 아닌 것 같다. 아는 게 많아서 미지의 세계를 탐구하려는 건 호기심이지 고민이 아니다. 뉴턴과 아인슈타인은 고민하지 않았지만 당신은 고민하고 있다. '고민'이란 단어를 어떤 상황에 비유한다면 입장권을 손에 쥐었지만, 문이 어디에 있는지, 어떻게 들어가는지 모르는 것과 같다. 지식에 관한 고민은 이 시대를 살아가는 방법이 부족하기 때문에 시작된다.

2011년과 2016년, 인공지능 왓슨과 알파고가 자연어 형식으로 된 질문들에 답하기와 바둑 대국에서 사람을 이겼다. 앞으로 어떤 일이 일어날지는 아무도 모른다. 세상은 변해가며 기존의 방식이 통하지 않는다는 건 확실하다. IT산업의 발달로 새로운 문제는 계속 등장하는데, 당신에게 대처할 신선한 방법은 없으니 고민하지 않을 수 없다.

 2016년, 유료 지식강좌 붐이 일어난 것도 이런 고민에서 비롯되었
다. 인공지능이 대용량의 정보를 보조하는 현실이 되었기 때문에 조각
해서 학습하는 것이 가장 효과적인 방법이 되었다. 이런 시대적 흐름 속
에서 우리는 2016년 중국에서 1위를 차지한 '하오하오슈오화'에 이어
2017년 '지식조각블록'이라는 지식 콘텐츠를 출시했다. 표면적으로는
인생의 고민을 해결해주는 방법이지만, 직장, 다이어트, 심리와 지식의
업그레이드 등 현실적인 문제들을 담았다. 실제로 경영학, 심리학, 논리
학, 역사와 철학 등의 전문지식을 조각해서 다시 정리했다.

 직장의 전문가에게 "고객들은 왜 이렇게 성가실까요?"라고 물으면,
"당신은 감정노동을 하고 있기 때문이죠."라고 대답할 것이다. 헬스 트
레이너에게 "어떻게 해야 먹는 걸 자제하고 매일 운동할 수 있을까요?"
라고 물으면 "자율은 원인이 아니라 결과입니다."라고 답할 것이다.

 이 답변은 세상 물정에 밝은 사람의 경험담이 아니다. 다음 세 가지
요소를 갖추고 있는 잘된 답이다.

 첫째, 지식의 블록(조각)화다. 당신에게 깨달음을 줄 한마디를 조각하
자면, 처음부터 차례대로 설명하지 않고, 현재의 교육 시스템에서 벗어
나지 않는 선에서 5분 안에 설명할 수 있다.

 둘째, 지식의 실용성이다. 이야기를 하는 과정이 상당히 간단해서 구
체적인 행동으로 옮기고 성과도 볼 수 있다.

 셋째, 지식의 확장성이다. 지식은 한 가지 문제를 해결하기 위한 것

이 아니다. 하나를 알면 열을 알 수 있듯 한 가지의 지식이 다른 영역에서도 쓰일 수 있어야 한다.

　진부한 말이지만, 지식조각블록이 강조하는 건 깨달음이다. 거기에 위의 세 가지 요소를 갖추면 여기서 우리가 다룰 학문의 자격이 생긴다. 지식조각블록만이 인공지능을 상대하는 데 도움이 될 것이다. 하나하나 맞춰지고 끼워지며 당신 역량이 발휘될 것이다.

　여러 가지 문제로 고민하고 있는 당신에겐 당장 조립이 가능한 지식조각블록은 필요하다.

지식조각블록은
지식을 조립하는 것이다

_황즈중

"지식의 블록화!"

현대를 사는 사람들이 배우는 지식은 대부분 부분화되고 요약되고 있다. 인터넷의 발달로 다양한 콘텐츠가 개발됐고, 개인이 알고 있는 지식을 공유할 수 있는 공간이 인터넷상에 마련되었다. 원하는 지식을 원하는 만큼 얻을 수 있는 지식시장이 무한대로 확장된 것이다.

지식을 작은 블록으로 나누듯 조각조각 나누는 것에 대한 비판은 충분히 이해한다. 조각이라는 단어와 비교되는 완전이라는 단어는 체계적이고, 빈틈없고, 전혀 간단하지 않은, 어떤 내용이라도 빠질 염려가 없는 참된 지식이라는 뜻을 내포하고 있기 때문이다.

지식을 탐구하고 학문을 배우는 일은 최선을 다해서 체계적이고 빈틈없이 해야 하는 거 아닌가? 조각은 무슨 조각? 등의 말로 조각조각 세분화된 지식이 범할 오류를 성급하게 진단한다.

　그렇다면 좋다. 지식의 '조각' 대신 '조각블록'이라는 단어를 써서 살펴보자.

　사람들은 지식을 퍼즐 혹은 블록 이 두 가지로 떠올려왔다. 퍼즐이라고 말하는 사람들에게 지식이란 완전하고, 거대하면서, 아름다운 형상이다. 그래서 지식은 어릴 적부터 지금까지 배운 과목을 맞춰서 끼우면 큰 그림이 되는 퍼즐의 조각들로 비유된다.

　퍼즐의 유일한 목적은 조각들을 정확한 위치에 맞춰 완성하는 것이다. 조각마다 원인과 결과가 있고, 미리 정해놓은 고정된 위치도 있다. 어디에 정확하게 끼워야하는지 판별하고, 순서대로 신중하게 알아야 할 것들을 한 공간에 모아야 한다. 지식의 진정한 가치는 완전한 형상을 갖췄을 때 있다. 온전한 형상만이 판별되고 해석될 수 있다. 조각 하나로는 아무것도 알아볼 수 없다.

　반면, 블록론자들의 입장은 다르다. 블록 쌓기를 해본 적이 있다면 쉽게 이해할 수 있다. 블록 쌓기의 목적은 퍼즐처럼 정해놓은 이미지를 맞추는 게 아니라 원하는 모양으로 블록을 쌓는 것이다. 그래서 블록은 고정된 위치가 없다. 같은 블록이지만 기차를 만들 때는 기관차가 되기도 하고, 비행기를 만들 때는 비행기 날개가 되기도 한다. 퍼즐의 경우, 기관차 조각은 기관차 위치에만 놓을 수 있다. 위치를 잘못 선정하면 사용할 수 없게 된다. 그래서 퍼즐과 비교했을 때 작은 블록은 그 자체로 이미 완전체다.

　게다가 같은 조각이지만 블록은 퍼즐과 다르다. 퍼즐 조각은 작게 쪼갤수록 맞추기 어렵다. 그래서 퍼즐론자들은 조각화를 해로운 것으로 생각한다. 반대로 목표가 지나치게 분명한 블록은 쌓을 때 상당히 성가시다. 완전무결한 기관차를 조립할 경우 한 개의 블록 작용은 미미하고도 미미하다. 비행기를 만들든 성을 만들든 완전한 블록은 아무런 쓸모가 없다. 이때, 더 작은 블록으로 나눠야 제 기능을 발휘한다. 그렇게 함으로써 더 완성도 높은 작품이 된다. 블록의 매력은 작을수록 발휘되는 것이다. 블록론자에게 조각화는 융통성을 의미한다.

　당신이 현재 배우는 수학은 완전하고 체계적인가? 아니면 조각화되어 있는가? 전체 수학에서 구구단은 지식조각이다. 그러나 일상생활에서 90% 이상 사용되는 건 덧셈, 뺄셈, 곱셈, 나눗셈과 같은 조각화된 산수 지식이다. 문과였던 내게 수학은 완전체로 배울 수 없는 과목이었다. 내 머릿속에서 삼각함수니 뭐니 하는 것들은 모두 불완전한 것들이었다. 그게 뭐 어떠한가? 내가 구구단이라는 지식조각블록을 단독으로 사용한다고 해서 문제가 되진 않는다.

　우리가 말하는 조각화는 사실은 블록화나 마찬가지다. 블록을 따로 떼서 공부할 수도 있고, 하나로 쌓을 수도 있다. 지식을 사용자가 원하는 모양으로 만들 수 있는 것이다. 이때 퍼즐론자가 달려와서 이런 조각은 잘못된 방법이라고 지적하면 나는 그가 상당한 오해를 하고 있다고 밖에 생각할 수 없다.

단언컨대, 오늘날의 지식은 블록화된 지식이다. 과거에는 심리학, 사회학, 경제학, 법학을 배웠지만, 요즘은 법률경제학, 사회심리학, 사회경제학, 법률사회학을 배운다. 과거에 사람들은 조각 뒤에 완전한 그림이 있다고 생각했다. 그러나 지금은 쉽고, 효율적으로 사용할 수 있는 지식을 기대하고 있다.

우리가 이전에 내세운 이론 '하오하오슈오화'에서 '지식조각블록'에 이르기까지 우리는 커다란 지식을 잘게 쪼개고, 분석하고 설명해서 마침내 쌓을 수 있는 블록으로 만들었다. 어떤 모양으로 블록을 쌓을지는 개인의 선택이다. 손에 블록을 쥐고 있지만, 잠시 쌓지 않는 것도 매우 정상적인 상황이다.

이를 오인하고 지식은 큰 덩어리로 존재해야 하고, 블록으로 쌓을 수도, 분해할 수도 없다고 생각해 비판한다면, 당신이 놓치게 될 깨달음은 '지식조각블록'에서 그치지 않을 것이다. 위대한 산맥을 이루는 것은 하나하나의 봉우리이며, 그 속의 한 그루 나무이고, 한 포기의 풀이고, 더 작게는 한 톨의 흙임을 명심해야 한다.

실패는 하나의 교훈이며 상황을 호전시킬 수 있는 첫걸음이다.

필립스

실패를 걱정하지 말고 부지런히 목표를 향하여 노력하라.
노력한 만큼 보상받을 것이다.

노만 V. 필